マーケティング・センスアップを導く

ビジネス心論

清野 裕司

Yuji Seino

泉文堂

はじめに　マーケティング・センスを問う

グローバル経済が進行する21世紀のビジネス環境。今、新たなビジネス・モデルが模索されています。大企業モデルからの転換が言われ、AIやSNSを活用した独創的な発想で新規分野に挑戦するコーポレート・ベンチャー（企業内起業による新たなビジネス領域創出）への注目度も増しています。

そこで論ずべきことは、「企業＝事業」は誰のために存在しているのかということです。言うまでもなくそれは「自らの顧客のため」であり、さらには、その「顧客の顧客」にまで目をやって、喜びを提供するためにあります。提供者が考える良いものを提供し続けたからといって、企業の存続や成長は約束されません。顧客への適応を継続した「企業＝事業」こそが、社会的に存在が許されるのです。そのような考え方は、マーケティングをベースにした経営の実践そのものの必要性を語っています。

1955年に日本の産業界に紹介されたマーケティングの基本哲学は、環境の変化に創造的に適応しながら、経営のモデル自体を「顧客主導（基点）」に組み立てることにあるからです。しかしビジネス現場では、「日々の仕事に追われて、未来を考える時間がない」「毎日一生懸命働いているのに、これ以上どうすればいいのか」といった声も往々にして聞かれます。

企業の成長は、時代環境変化への適応力によるものであり、日々の仕事のちょっとした変化は、何年も経つと大きな変化になっています。ビジネスを実践している一人ひとりが「自分に気づき、磨き、成長する」こと。そして、個人的な経験だけを拠り所にするのではなく、幅広い視野で「考える力」を高めることが必要です。

半世紀以上前の、いわゆる戦後復興期の日本経営の論理は、「成長の軌跡」を描くための「効率性」「生産性」がベースに置かれていました。1990年代にバブル経済が崩壊してより、欧米の経営モデルが多く紹介され、新しい言葉の渦の中に途方にくれてしまった企業人に多く出会うことがありました。

決められたレールに乗って、「身体に汗」をかくことを教えられたビジネスパーソンが、新時代の経営のあり方を模索して「頭に汗」をかくよう指示されても、はたと何をすれば良いか路頭に迷ってしまいます。

その背景には、決められたルールに則った「形」の訓練は受けたものの、新しい「型」を求める学習機会や内発力向上の機会を失したままに歳を重ねたことも一因と見ることが出来ます。企業の人材面から見れば、何とも「もったいない」話です。人は本来「考え」「生み出し」「つくり出す」能力を持っているにもかかわらず、ただひたすらに「行動」力をつけることが求められ、「考動」の術を持たない人材になってしまったのでしょうか。企業の人材育成が誤っていたわけではなく、さまざまな「技能」習得を基本にした学習機会が大勢を占めていたからです。

決められた分野での技能を高める学習は、その分野を横に広げる「形」は生み出すものの、新たな視点で深めていく「型」を生み出すことは出来ません。「経営」を机上の学問で終わらせることなく、ビジネス現場で実践してきた先人の声には「なるほど」とうならせるものがあります。そこに、自らの「夢」を実現しようとする強い想いが働いているからだと思います。決められたルールのない状況から、新たな事業を起こす。そして、その人・企業なりのやり方を生み出し、「人となり」を感じさせ、その企業らしさがさまざまな分野や場面で形となって現出する。

松下幸之助や本田宗一郎の発した言葉は、時代を超えて普遍的な意味を持って現代に投げかけられています。耳に残るのではなく、心に響く言葉が多くあります。研究者が一般化して発している記号としての言葉にはない深さを感じます。

そこには強い想いが隠されています。同じ言葉を一言一句暗記（練習）して自分で発したとしても、裏打ちのない言葉は、単にむなしい響きが残るだけです。先人の想いに近づこうと鍛錬し、新たに生み出そうとする日々の稽古を通じて、表現は違うものの先人の「想い」に近い言葉が生まれてくるのではないかと考えています。

未来を考え、描き出す力。その源泉は、自らが「学び続けよう」とする志にあると思います。

私自身、マーケティング概念に出逢って50年強の時が流れました。多くの時が流れ、それぞれの年が巡り、人生の歳を重ねましたが、いつも心していることとは、絶えざる「学びの志」を持ち続けることです。人の目は、前（未来）を見るように形成されていますが、時にもう一つの目（心眼）を開いて、今迄と今を見直し、明日への道を切り拓いて行くように、経営・マーケティングの心を学び、自らの型を生み出すこと。

それは、自らの心に問う「心学」です。

本書は私のマーケティング観を背景として、次代のビジネスを生み出す思考の糸口を、「いろは四十七」に締めのひとつを加えた四十八の言葉にして整理したものです。自らの学びやビジネス経験は、時に幾つかの言葉になって口の端をついて出てきます。学ぶこと、考えることの楽しさを知り、ビジネス実践における思うに任せぬ動きの体験を、次の時代を生み出す方々に伝承しておきたいと考えています。

石田梅岩は、商人としての心得を「石門心学」を通じて遺し「商人道」とは何かを考えるきっかけを提供してくれました。新渡戸稲造は「武士道」を通じて、全世界に、武士の精神構造を発信しました。しかし「企業道」や「マーケティング道」という言葉を聞くことはありません。

私が心したことは、マーケティング思考を自らに問い続ける姿勢です。マーケティングする心が読者諸兄と通じ合い、頭に汗して共に考える友が増えることを願い、マーケティング・センスアップを導く「ビジネス心論」と名付けました。

現象を整理して、新たな思考を具体化するためには、どのように考えるべきかの糸口も必要になります。発想を豊かにするためのガイド図表を併記しました。文字の情報は理解を深めますが、発想を広げるためには右脳を活用した図の方が広がるものです。

マーケティングに関与するスタッフ一人ひとりが、自らの発想を広げ、未来に向けた自らの姿を描いて欲しいと思っています。

２０１８年９月

清野裕司

マーケティング発想の表層的なスキルは様々あるが，個人的な発想は，日常の自分自身の行動が決める。日々，これ以上のことはないか，次の行動への準備がなされているか，相手の立場に立って考えているか…と，思考の幅は広がっていく。

まさに，考え実践する「センス：感度」の拡張である。

今ビジネスに問うべきは，マーケティング・センスを磨くことである。時代に漂う風の音に耳を澄ませ，次代への道を描くこと。

自らが歩んだマーケティングの道を辿って，次代へと語り継ぐ想いを整理した。

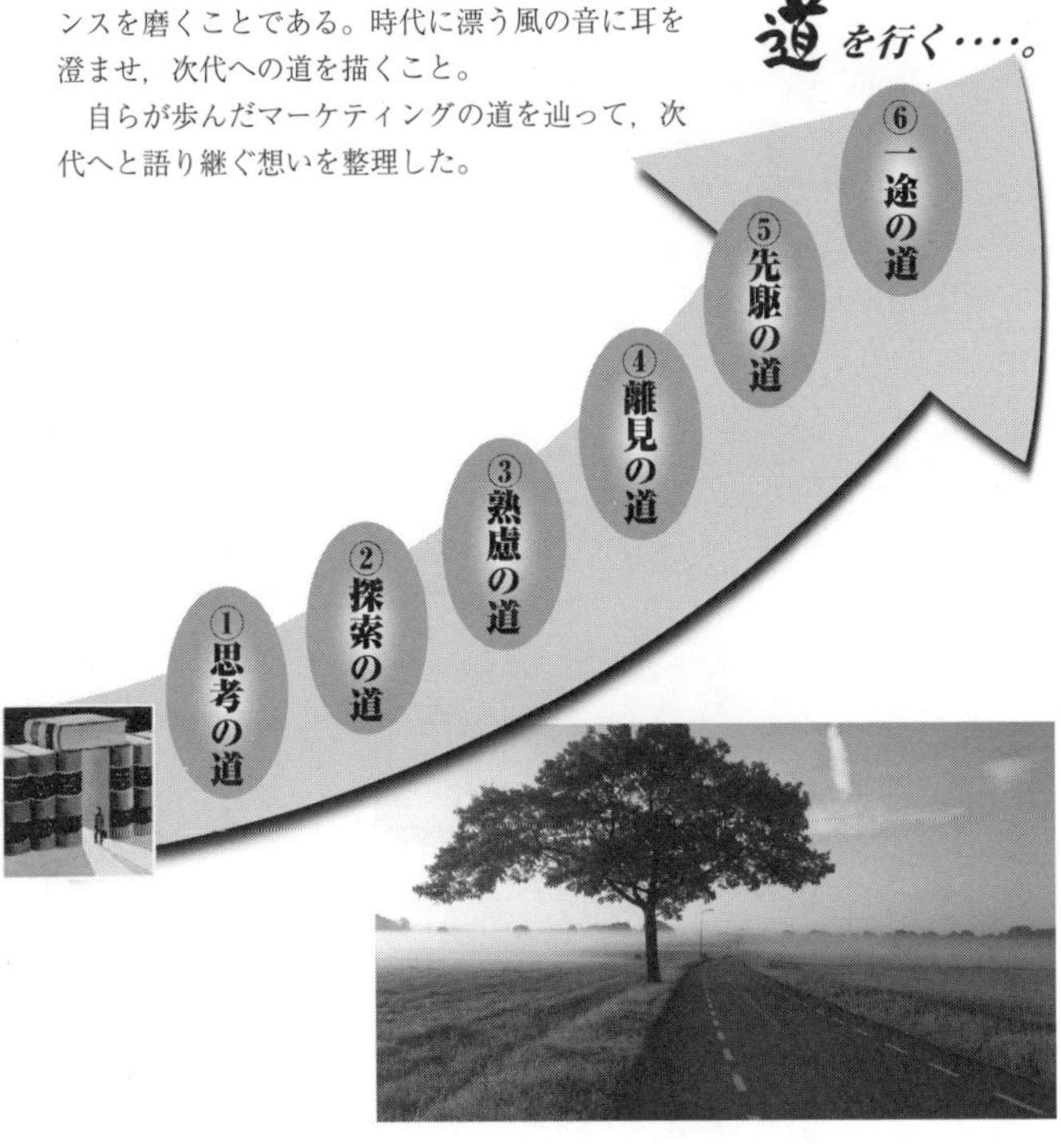
道を行く…。
①思考の道
②探索の道
③熟慮の道
④離見の道
⑤先駆の道
⑥一途の道

目次

（＊：図表のタイトル）

②探索の道

③熟慮の道

④離見の道

⑤先駆の道

⑥一途の道

①思考の道

企業の成長は，時代環境変化への適応力によるものであり，その礎が「人の知」にあることは言うまでもない。日々の仕事のちょっとした変化は，何年も経つと大きな変化になっているもの。

一人ひとりが「自分に気づき，磨き，成長する」こと。そのためにも，経験を活かしながら「考える力」を醸成することが必要である。

［思考の道～1話］

マーケティングは「送り手」と「受け手」との「交感の仕組みづくり」である。

マーケティングを企業行動の中に取り込もうと考えている経営者やスタッフが、会社で日々汗をかいていても、いざ仕事を離れれば、消費者であり、家庭人である。企業行動のガイドとしてのみマーケティングを捉えてしまうと、人間不在になってしまう。

「送り手」である企業の思考は見えてくるのに、「受け手」である顧客の思考が欠落してしまう恐れがある。マーケティングは、「送り手」と「受け手」の良好な関係を生み出すことを主題にして、ビジネスを組み立てる思考のガイドである。であるならば、「送り手」の思考を持っただけでは、一方通行になってしまう。自分自身が「受け手」の思考をもって、はじめて両者の関係の中に自分を置くことが出来る。

今の時代の動きをマーケティングで解釈することが、変化への適応力を高めることに繋がる。マーケティングは特殊な方法論ではない。変化を見据える眼を養うことを教えている。マーケティング的な思考と行動が生きるのは、実は普段の暮らしの中にある。マーケティングは自らの想いを投げかけ、対峙する相手との良好な関係を築く「思想」であり「実行」とみることができるが、発信者は時として、相手の存在を忘れてしまうようだ。しかも、やりとりはモノに限るわけではなく、サービスの交換もある。その際はモノが移動するのではなく、人の感情や気持ちなどがやりとりされている。「交換」よりも「交感」と記す方が妥当であろう。無形のものへの対価は、どれ程自分に対する思いやりを実感できたかによって決まるからである。

現代社会におけるマーケティングは「交感」の仕組みをつくること。その起点はすべて「相手に対する思いやり」に他ならない。マーケティングを考え実践するには、変化に敏感に、人への思いやりを持つ心の力が必要と言えよう。

顧客が喜ぶコトを考え続け実践することがマーケティング。

マーケティングとは，「常に相手の立場に立って自らの行動を見つめ直す思考の体系」。組織行動に限らず個人の行動にもまた，マーケティングは内在すると考えられる。自らの行動を評価し判断を下す相手は誰かを理解することから，マーケティングは始まる。

自らを取り巻いている環境の変化をいかに自分自身の問題として意識し，そのために今自分達は何をしなければいけないのかを常に見極めていくことが必要である。自分が相対している対象者（企業にとってみれば顧客＝生活者）は，何をしてくれたならば喜んでくれるのだろうかという発想を忘れてはならない。

マーケティングは，企業が市場を操作する為の手段体系ではなく，いつも相手の立場に立って自らの行動を見直し，その行動自身を律して行く思想体系とも考えられる。

［拙著：「マーケティング発想力のつく本」より］

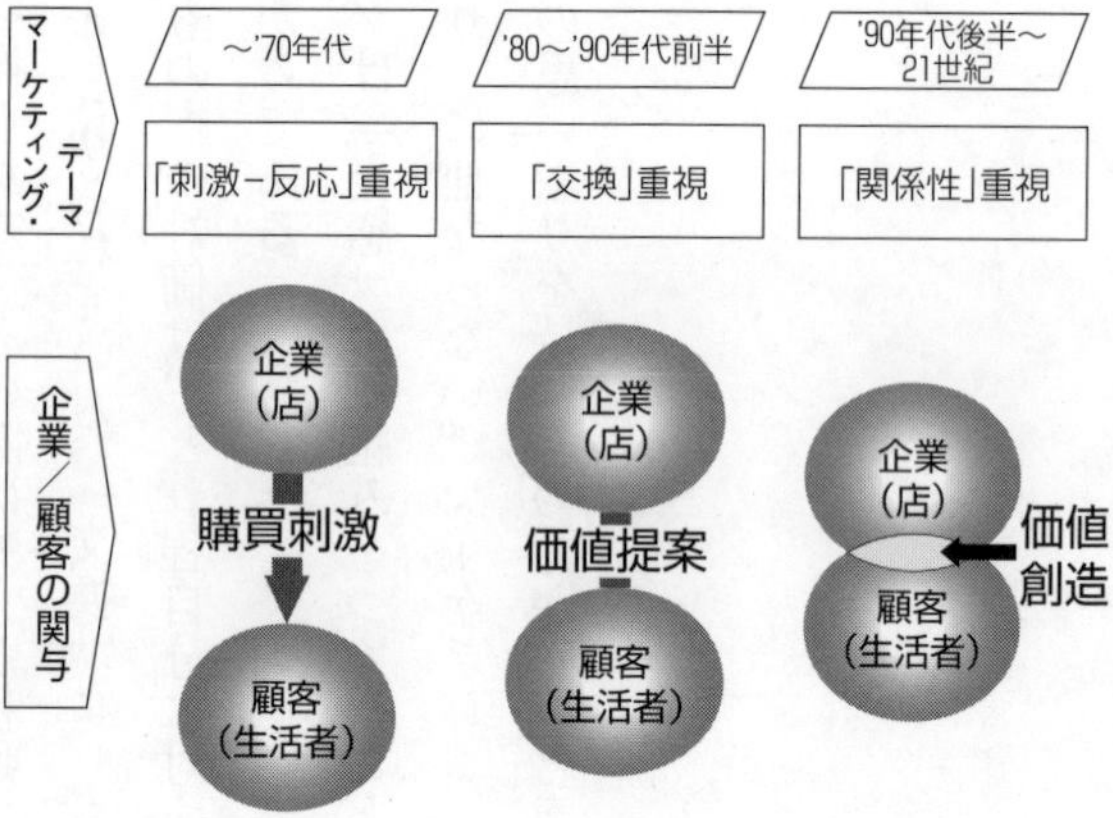

［思考の道〜2話］

ビジネス実践に「三解のセンス」は欠かせない。

書店を回ることが好きである。今の時代の風を感じるには、多様な商品の実験場であるコンビニエンスストアやドラッグストアがあるが、もの以外の空気感や注目の動きを知るのに書店は格好の情報集積拠点である。多くの書籍が目に入る。かつては、書店の陳列棚のガイドに添って見て回ると、何となくその分野の全体傾向を見て取れることはあったが、最近はテーマ自体が錯綜して、書店の陳列棚のガイドが余り役に立たなくなっている。かなり幅広く動き回って、自らがその内容を確認していかないと、多様な動きの連関図が描けなくなってしまう。

企業の成長は、変化への適応力であり、その礎が〝人〟にあることは言うまでもない。日々の仕事のちょっとした変化が、何年も経つと大きな変化になっているもの。マーケティング・スタッフには、変化に気づく力が必要と言われるが、そのためには一人ひとりが「自分で、考え、動き、磨く」ことである。しかもその際に心しなければならない能力が、三つの「解」の力である。

一つには「解析」力：

市場の動きを捉えるためのデータ収集のやり方やまとめ方。そして、変化に気づく力。昨日と今日の街角の風景の違いを、声に出して語ってみてはどうか。

二つには「解釈」力：

大量のデータから新たな方法を見つけ出すのは、「読み」の力でもある。自分が思いついたことを、一行で表現して（書いて）みてはどうか。

三つには「解説」力：

独りよがりの考えを一方的に語ったのでは、広がりがない。仲間を増やすためには「説明」力が不可欠。自分の強みを1分間で語ってみてはどうか。

小さなことだが、日々の「解」の繰り返しが、3年後には自らの変化に繋がるものである。

マーケティング・スタッフの心得には複数の「解」がある。

次代を担うべきマーケティング・スタッフが，新たなステージに向けて飛翔するためには，自らの「のう力」開発に対して積極的に投資をする志が求められる。

昨今注目される「ソリューション＝課題解決」型ビジネス対応にあっては，自社の力だけにとどまらず，異分野の力も意識した幅広い知識や知見が求められ，個人的な体験を見直すと共に，自らのビジネス・センスを幅広い視野をもって確認することが重要である。

解析する力
● 市場の動きを捉えるためのデータ収集のやり方やまとめ方。そして，変化に気づく力。
自信ありますか？
解釈する力
● 大量のデータから新たな方法を見つけ出すのは，「読み」の力。
自分の想いを一行で言えますか？
解説する力
● 独りよがりでは，広がりがない。仲間を増やすためには「説明」力が不可欠。
自分の論理を語れますか。
課題を解決し未来を描く志

［思考の道～3話］

「覚える」「思い出す」学習ではなく、「思い付く」こと。

マーケティングを展開するにあたり、新たな知見を得るにはどうすればよいのか。勉強するにはどのようなことが必要なのかと問われることがある。

私自身は日々の見聞自体が勉強と心得ている。勉強するというのは「知らないことをわかるようにする」「自分なりの解釈をする」「学問を体系的に理解する」と、さまざまな形がある。どのようなことでも、さまざまなやり方はあるもの。学校で一般的な学問体系を「習い」、何を考えるべきかを「知る」という方法。先人の残した知の集積を書物で「読む」ことで個々の意味を理解する方法。他者の考え方や理解の内容を会話を通じて「聴き」、自分なりに整理する方法。そのどれをとっても勉強。しかも、これらのことは日常生活で繰り返している。

勉強とは、一方的にある方法を「習う」ことだけではない。自分自身の解釈やアプローチの仕方を「組み立てる」プロセスのことである。

「覚える」ことを主体にすることを勉強だと考えると、どうしても覚えたことを「思い出す」ことが重要と思ってしまう。今のビジネス環境で重要なことは「思い出す」ことではなく「思い付く」ことである。そのように考えると、

「勉強する」ことが楽しくなるのではないか。「習う」ことだけではなくて日常生活が勉強の場であることを教えてくれているのは、昔から言われる「我以外みな師」の想いにある。

「学ぶ」の語源は「真似ぶ」。「ああ、あんなやり方があるんだ」と気づいて真似ていくと、自分のやり方の幅も広がるものである。覚えたものを想起する（思い出す）だけでは、新しい着想は生まれてこない。思い出したものに、「もっとこうなれば」「少し変えてみれば」といった付加的な要素で考えていくところに、はじめて創造的な考えが生まれるものである。

単なる方法論の学習だけに止まらないセンスの向上は、思い出したことへの疑問の投げかけから始まるものである。

マーケティング能力向上には３つのアプローチがある。

マーケティング能力の向上は，学習の場や機会を設ければ解決するものではない。

一人ひとりが，自分と顧客（市場）の現在に「気づく」ことが何よりも重要である。自らの「気づき」こそが，次なるビジネス変革への起爆剤になる。

そのためにも，「学ぶ」スタイルを多様にし，複数のものの見方をするよう心掛けることが期待される。

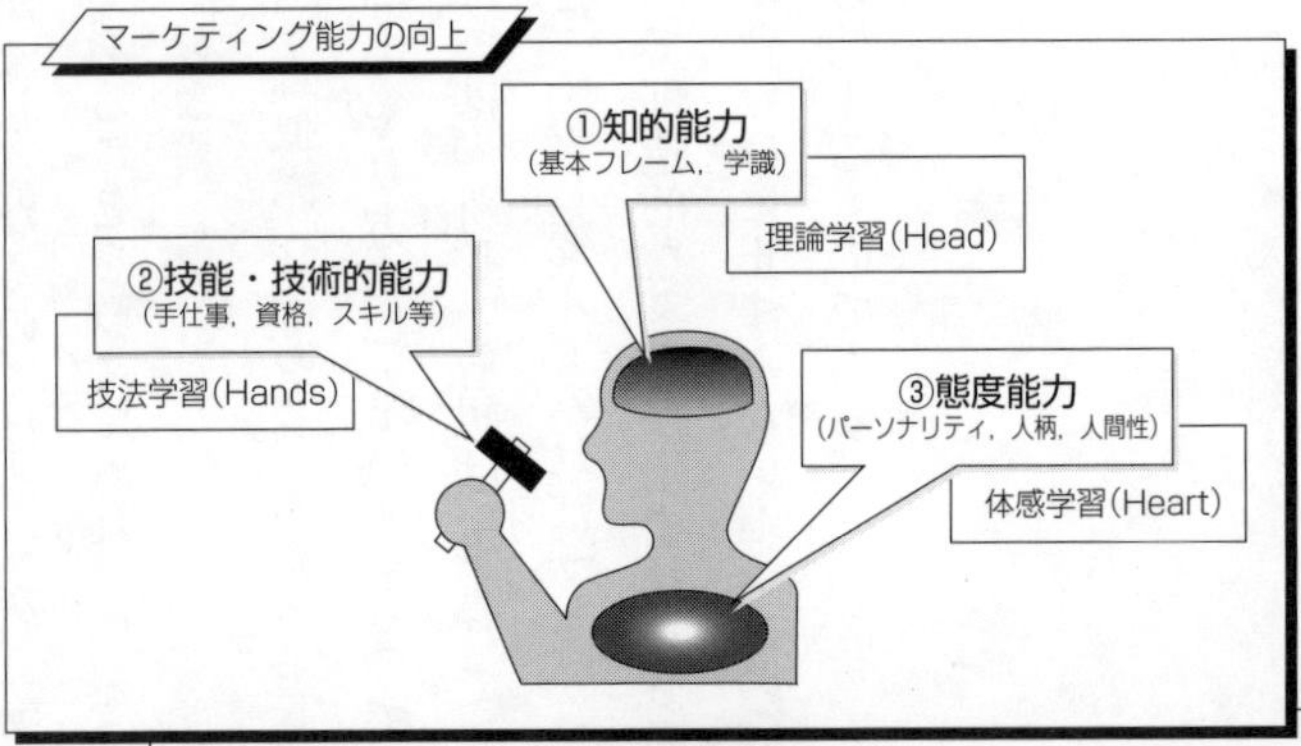

①理論学習：マーケティングに関する理論を体系的に知るスタイルの学習。
②技法学習：マーケティングの分析や構想を考える学習。ケース・スタディもまじえ市場を見る眼を養う学習。
③体感学習：ビジネス現場で起きている事実を，自分なりに感じとり整理し，自分自身の「能力」を棚卸する学習。

［思考の道〜4話］

「過去―現在―未来」の連続思考が時代と次代を繋ぐ。

物事を考えるとき、人はいろいろな発想をするもの。その人の経験から照らしての発想。今の自分の生活環境からの発想。人との会話を通じての発想。自分の今の心情を他の何かに照射させる発想。

そのどれをとっても、正しいアプローチである。ただ、人には得手不得手があるもの。過去をたどるのが苦手な人。逆に過去を見るのは好きだが、どうしてもその時代時代に生きた自分の姿だけが浮かんできて、過去から未来を予見するのが苦手な人もいる。そのような人は、過去を歴史物語として読んでしまうスタイルがあるようである。

特に、マーケティング・スタッフの中には、今の時代を読み解くことに力を入れるからか、過去から今に至る道筋に余り目をやらないで済ませてしまうタイプの人もいる。決して過去を見ることが、どのような分野にも必要であるわけではないものの、これからの変化を予見しようとすると、過去から今までの変遷を読み直してみるのも良いもの。「今」という時代は、突然「今」出来たのではなく、さまざまな変遷をたどってきているのだから。

過去から今を見直し、その経緯をベースに未来を読み解こうとする試みを、

「通時（つうじ）」的なものの見方という。その対極として、今の状況をつぶさに見ようとする姿勢は「共時（きょうじ）」的と表現できる。その両者のバランス眼で、今の時代現象を見ているから、ある時は「リバイバル」といった視点も生まれてくる。その時代の人にとってみれば「懐かしく」、今の人にとってみれば「新しく」感じる、「懐かしさ」と「新しさ」の共存が可能になるのである。

「自分の若い頃は・・・」の言は、今を活動している人にとっては殆ど聴く必要もない指摘かもしれない。それよりも、「自分の若い頃から今までの変遷をたどれば・・・」という指摘の声は、傾聴に値するのではないか。

そう考えると、マーケティング・スタッフに必要なビジネス心眼は、「通時」と「共時」の両視点からの時代解釈力にあると考えられる。

過去を見直すのではなく，「通時的」に今から先を見る。

「通時」とは，時間軸に沿って歴史的変遷を見直し，将来に向けた傾向を予測する。

現在起きている動きを，過去からの流れの中で読み解いていく着眼をいう。

「温故知新」の発想は，先ず過去の事実をつぶさに見ることから始まる。古きを確認したならば，未来に向けた予想を仮説することで，時の流れを繋ぐことが可能になる。

世代（年齢）別過去体験を知る

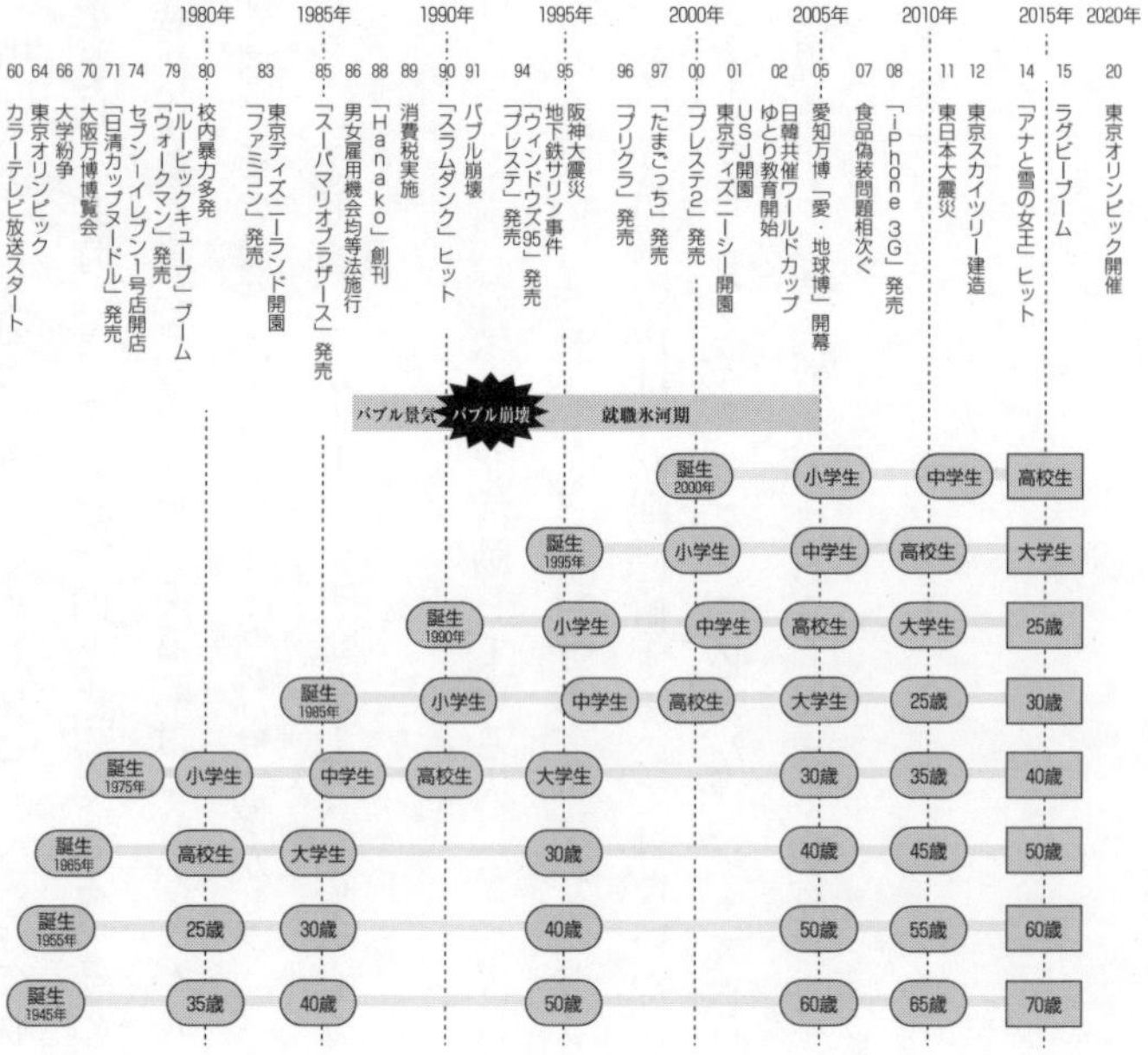

※　小学生：6歳／中学生：12歳／高校生：15歳／大学生：20歳

［思考の道～5話］

「モノ発想」だけではなく「コト発想」を広げる。

自分自身の生活空間を見回してみると、実に様々なモノに囲まれていることを再認識する。

狭い自宅の一室には、TVやPCが置いてある。仕事をする際に着用するスーツやネクタイも同じ部屋。もう何年も使ったことのないモノまである。他人から見ればガラクタに過ぎないモノも、自分にとっては捨てがたく、身の回りに取り置く結果になっている。どうしても空間自体が狭まってしまう。そのことを承知で、たくさんのモノに囲まれたままに時が流れていくのが日常である。

思えば長く消費者として生きてきた。そして、多種多様なモノを購入してきた。その時々で無用とは当然思わずに購入したモノばかりである。しかし、時は流れ、自らの生活スタイルも変わっていく。時々に輝きを見せていたモノたちが、いつの間にかその輝きを失い、今の自分にとっては無用のモノになってしまっていることがある。生活循環の宿命であろうか。存在しているモノが、過去から今までの「物語り」を思い出として語っていくようになる。

仕事柄もあるが、いつも街や店を見ていると「こんなモノがあればよいのに」「便利になるモノを見つけた」と悦にいることがある。しかし、それらをどのような場面でいつ使うのかとなると、判然としないコトがあるもの。モノは手に入れてしまえば自らの保有物になるが、使い始めて価値を生み出す。そこでのモノの持つ意味や役割がはっきりしなければ、「事始め」にはならない。使ってみてはじめてそのモノの良さを再認識するコトがある。もちろんその逆に、即刻無用の長物と化してしまうモノもある。

企業の製品開発において、「モノ発想」ではなく「コト発想」の重要性が言われる。もの言わぬモノに「物語り」を語らせるためにも、そのモノの存在する時間と空間を想定し、合わせて登場する人間を考えておかなければ、コトは始まらない。そこにマーケティングの「構想力」の原点が潜んでいる。

「モノ（名詞）」だけを見るより「コト（動詞）」を見る。

モノの品質差は，技術レベルの高度化により，ほとんど差別的優位性の要素にはならなくなった。

生活者の変化を捉え，かつ変化を先取りしてリードするためには，生活に根差した発想をすることである。モノに溢れた生活環境に適合した仕組みを生み出さなければ，新たなビジネス・チャンスの創造は難しい。

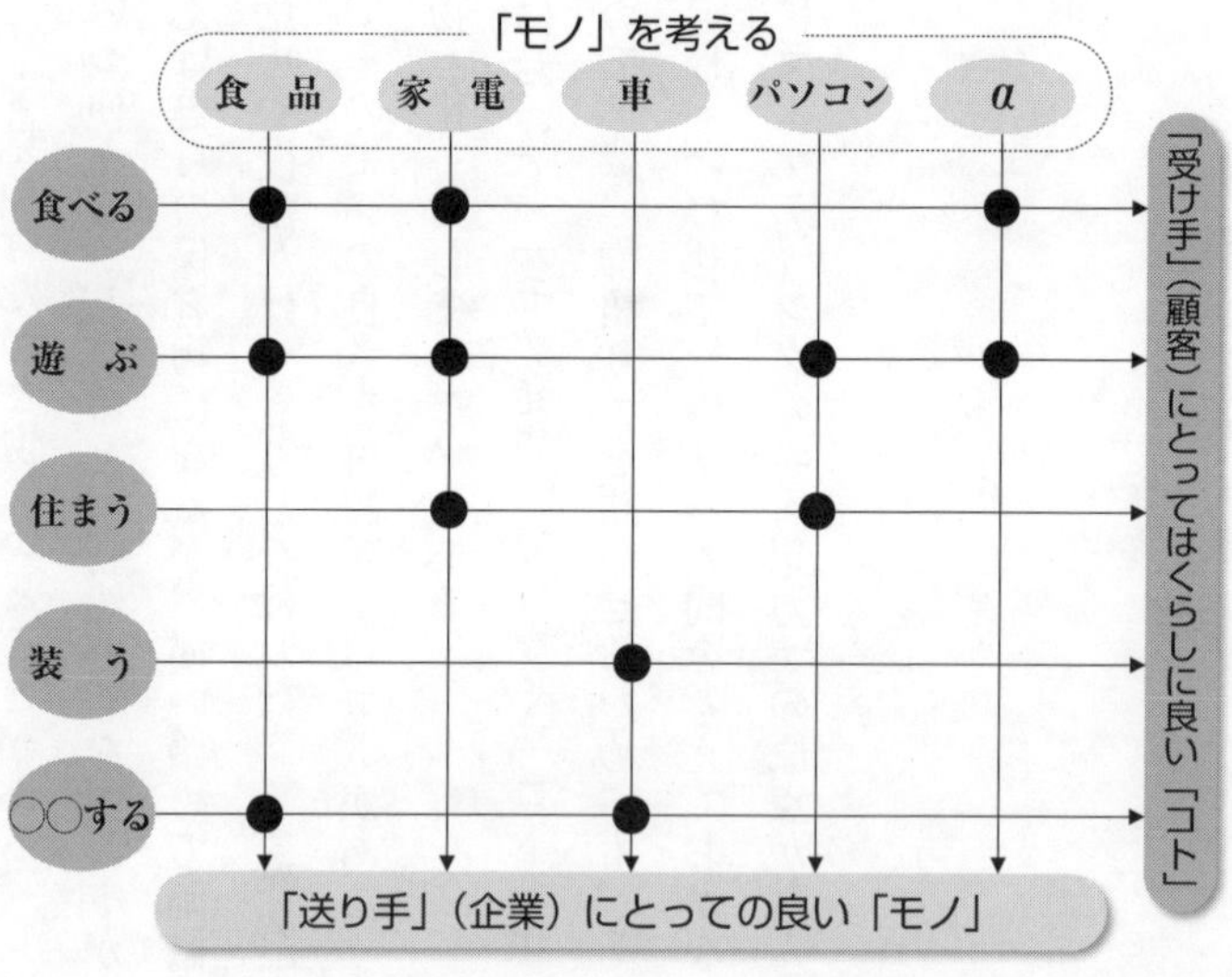

［思考の道〜6話］

「課題解決」ではなく、「問題発見」型のソリューション眼を持つ。

ここ数年、ビジネスの慣用句のように使われる言葉に「課題解決」がある。常に自分たちの顧客の生活課題や事業課題を解決しようとすることが、新たな事業機会の開発につながると言う。「提案型」営業への注目も、課題解決に対する思考の流れである。確かに日常の生活やビジネス環境にあって、解決しなければならないことは多くある。生活習慣病への対応や、eビジネスへの対応をどうすべきかなど、多くの場面でも遭遇するものである。

しかしそのような状況は、課題そのものが既知のものとして認知されているものへの対応である。やらなければならないことは解っているのだが、対応の方法がわからない。そのための具体的方策を知りたい、あるいは学習したいとの想いが働く。生活習慣病の改善には、ウォーキングを継続することも良いだろう、あるいは食生活の改善も・・・方法は幾つかのインデックスを伴ってガイドしてくれる場合がある。ビジネス環境の変革対応には、さまざまな改善モデルに挑戦することも良い。新しい仕組みの開発に向けて、プロジェクトを立ち上げて研究することも良い。ただし、それらのガイドに従って実行した結果、眼前にある課題が解決すればよいのだが、往々にしてさしたる成果の出ぬままに、また次なる課題が生まれてくるケースが多い。

〝ソリューション・ビジネス〟を「課題解決」と理解すること自体が、狭小な解釈ではないか。課題が解るということは、ある程度解決の方向が、ぼんやりとではあるが解っている場合が多い。企業が悩み、新たな出口が見えぬままに混迷を続けるのは、自らにとっての課題がわからなくなった場合である。なぜ、そのような課題が生まれるのか、そもそもやらなければならない課題は何なのかが不鮮明なままに、何となくあやふやな空気が蔓延することがある。そこにある問題が見えぬままの状況である。課題を導き出す手順があやふやであるために、今後何をすべきかがあやふやなままになってしまう。課題の背景にある問題（現実の現象）、問題点（現象の起きる背景）を突き詰めぬままに、やるべきことの「課題」だけを大きく取り上げる。

「課題解決」の前に見据えるべきは、「問題」と「問題点」の発見である。何が起きているのか、何故そうなるのか。考え続けるとそこに、やるべき行動の方向がぼんやりと浮かんでくる。〝ソリューション・ビジネス〟とは「問題発見」型のビジネス・スタイルと解釈できる。

「ソリューション」とは課題解決ではなく問題発見である。

「ソリューション」とは，顧客のお困りごとを発見し，その対応策を設計・提案することである。決して「課題」を解決するプロセスに止まるものではない。

Solutionは「問題発見」

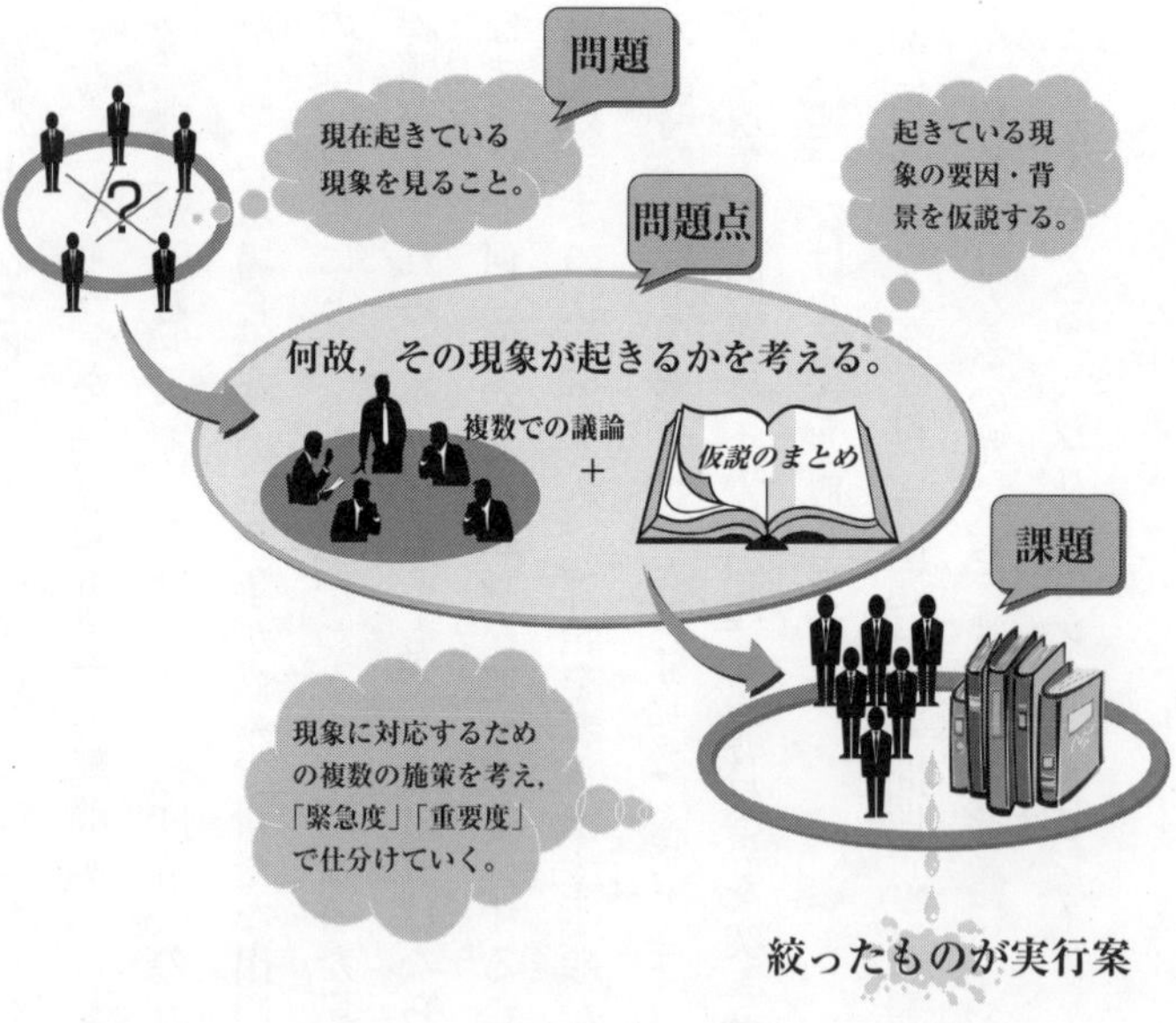

［思考の道〜7話］

状況を判断して動くこと。
それは、
その場の空気を「掬う力」である。

世の中の動きが急になればなるほど、何事においても素早い対応が求められるようになる。例え100点満点の出来でなくとも、従来よりも早いアウトプットを示されると、それだけで評価が高くなる。慌てて何がしかの結論を出すということでは決してなく、即刻の反応が求められている。

そのためにも、意思決定の場において、集中する志と何事にも屈しない情熱が必要であろう。そして何よりも、時に応じた状況把握の力である。

単純に状況を取り纏める力ではない。その場の状況を掴む力である。分析する能力というよりも、瞬時に状況を自分の言葉や態度で示すことの出来る能力と言った方が正しい。

行動そのものは、例え愚鈍であったとしても、状況を即座に把握し、次なる手を案出することである。文書やグラフを含めた情報は行き交うことがあっても、一度紙の上に表出されると、そこには記述した本人の意志や解釈が加えられてしまう。問題はその前の段階である。

意思決定すべき場面や会議の場における自分自身の役割を考えながら、何を今決めなければならないのか、自分はどう振舞うべきなのかといった、その場の空気や雰囲気を「掬う（すくう）」ことである。眼に見えぬものを、自分なりに解釈して、自分の言葉を場に投げかけることである。その場の雰囲気を、更に明るいものにするためには自分は何をすべきだろうかと瞬時に考え答えること。その時の一言が、場の雰囲気を変えたり、人の関係に新しい気づきを生み出したりする。

訪問時に、初対面の人との会話の切り出しでも同じことが言えよう。空気を読み、雰囲気を掴むこと。その折に発せられた一言が、その後の関係密度を深めたり、ギクシャクしたものにする分岐にもなる。空気は眼には見えない。掴むことはできない。しかし、ふっと掬うことは出来る。掬う力は、頭の瞬発力であり、マーケティング・スタッフにとって必須の力でもある。

マーケティングの発想にアイデア・キラーはいらない。

アイデアを出し合う会議で見かけることだが，他者の発言に対して敢えてネガティブな視点提供をするスタッフに出会うことがある。

アイデアを否定的なレベルでチェックしてしまうと，次代に向けた新たな着眼が消されてしまう。

- それは会社のポリシーに反するよ
- トップが認めないだろう
- それはわれわれの責任外のことだ
- われわれの業界じゃうまくいかないだろう
- だれもそんなことを受けいれてくれないよ
- 実行できんよ，費用がかかりすぎるよ
- 保留しておこう
- 実用的でなさすぎるよ
- そのための準備ができていないよ
- 数年前に試してみたことがあるよ
- うまくいかないだろうよ
- 君は一体何をしようとしているのだ
- 自分もかつてそれを考えてみたことがあるけれど，使わなかった
- すばらしいアイデアだが，先走りすぎてるね
- いままでにそのようにやってみたことがないよ
- それは外国で試されているのかね
- それは○○社（トップの会社）でも試しているかね
- 書類にしてみてくれないかね
- 馬鹿げて非実用的なアイデアだよ
- ちっとも新しくないよ
- それは何年も前のやり方だね
- 私の知ったことじゃない
- あまりにも変化が急激すぎるな
- そんなことはやったことがない
- 現実にかえって考えようよ
- われわれは，まだそれをやる段階にないよ
- 他にだれかこれを試みた人がいるか
- いずれにしろ仕方がない
- 奇抜すぎるよ
- 理屈はそうだけど，しかし...
- 人手が足りないよ

［思考の道〜8話］

就活とは「職場」選びではなく、「職業」説明活動である。

世の中には何千種類という職業がある。特に、現代社会のようにさまざまに分業化された状況にあっては、ある仕事を仕上げるのに数多くの人の手がかかわるケースが多い。その一つひとつの分野が、特定の職業として独立性を高めていく。かつてのように、取り扱う商品や提供するサービスの分野によって職業が規定されるのではなく、自分が携わる分野が職業となる。

扱う商品が職業を代表した頃は、そこで行われている作業全体に当事者が全てかかわることを意味していた。鮮魚を仕入れ、さばき、体裁よく並べて客を待ち、客の依頼に応じて販売する「魚屋」という職業。生花を扱う「花屋」、不動産管理を主体にする「不動産業」・・・商店街を歩けば、さまざまな店に出会い、店ごとにその商品を扱う職業を垣間見ることも出来た。

しかし今は違う。カタカナ語を含めて、まさに職業百花繚乱の様相を呈している。そこで、問題に直面することになる。自分の職業をどのように説明するかという問題である。特に、小学校低学年の児童にもわかるように説明するとすれば、どのような表現が良いかを考えてみたい。

個人的な体験ではあるが、子どもが小学校2年生の折に持ち帰った宿題が難問であった。「明日の社会科の時間までに、お父さんの仕事が何であるかを聞いてくること」という問題である。宿題の意図は、先の商品に代表される商店の学習であった。しかし、マーケティングの分野に身を置く者として、扱っている商品は無い。敢えて言えば、「未知なる未来を予見する知恵を創造すること」が自分の仕事である。そのような説明が、8歳の子どもに通じるわけがない。

同じような場面を想定して貰いたい。「あなた自身の職業を8歳の子どもがわかるような言葉で説明して下さい」という問題に、どのような解答を出すであろうか。「○○会社に勤めている」では答えにならない。それは、自分の帰属集団を言っているに過ぎない。私もそうだが、職場を変えても、職業は変えていない人も多い。この問題への答えを考え出すことが、新しい職業の社会的認知を高めることに繋がる。挑戦して欲しい。

企業進化の系譜からも，次代への起業が期待される。

企業（組織体）を論ずるとき，その形態はまさに時代の動きを映し出す鏡のような存在であったと指摘できる。

特に，戦後の経済成長神話を生み出した多くの企業は，70年代のドルショック，オイルショックの各エポックも乗り越え「Japan as No.1 (エズラ・F・ヴォーゲル)」の声すら生み出した。

しかし，その後のバブル経済崩壊からの「失われた10年」とも指摘された21世紀初頭から現在。企業は次代のスタイルを求めた挑戦の場に立っていると見るべきである。

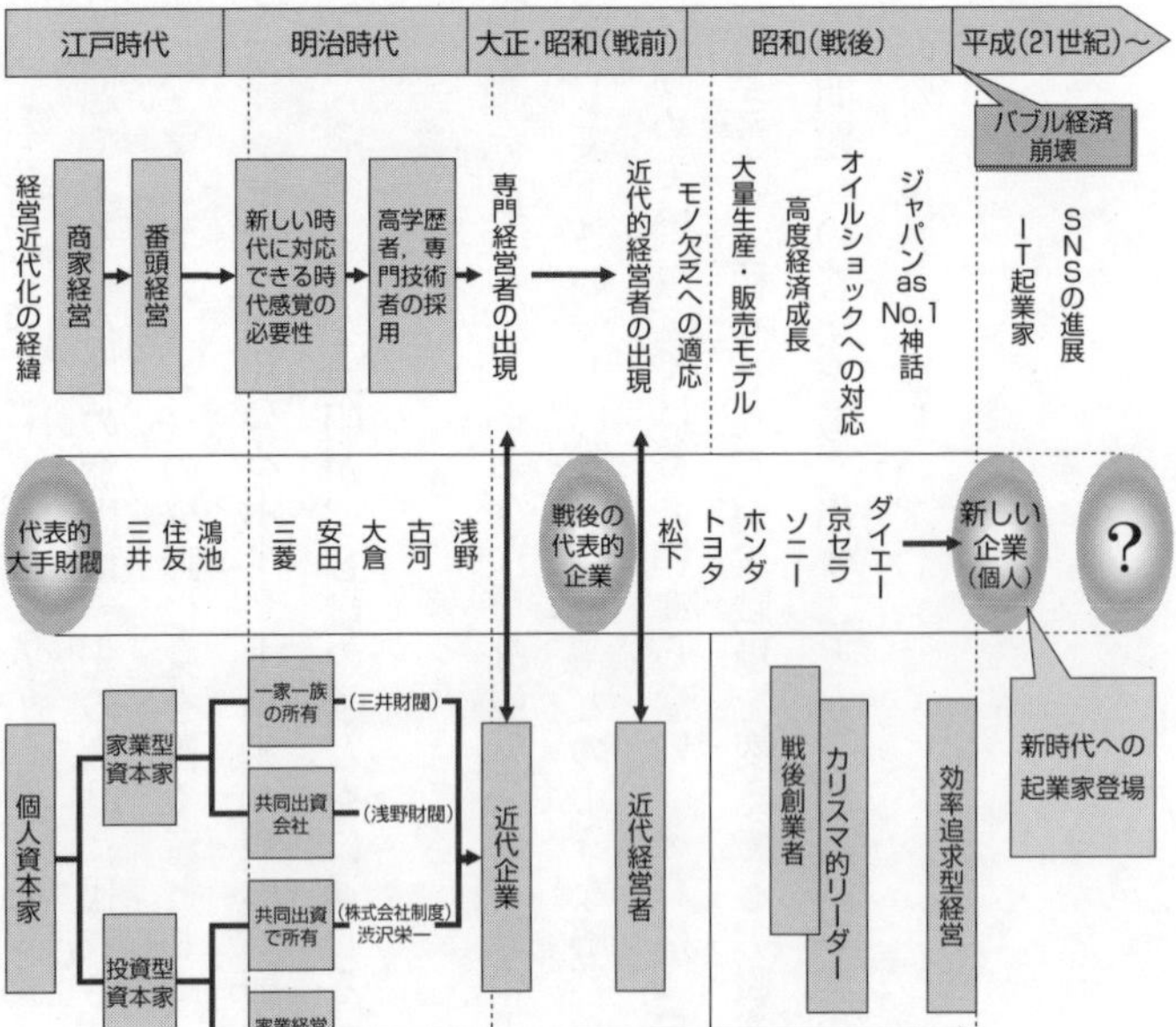

②探索の道

AMA（アメリカ・マーケティング協会）の定義ではなく，P. F. Druckerや P. Kotlerが提唱した定義でもない。自分自身が腑に落ちた，自分なりの定義を持ちうるかどうか。

それが，マーケティング・スタッフの資質になるのではないか。その想いの原点は，自らがビジネスの分野でマーケティング・スタッフとして思い悩み，歩み続けてきた一刻一刻の積み重ねにある。

［探索の道～1話］

変化を知るのは自分の目。
変化に気づくのは心の眼。

繰り返される暮らしの時が積み重なって、自分の人生時間としてさまざまな事実が刻み込まれていく。何事も無いという日はないのだが、これといった驚きや未知との遭遇でもない限りは、やはり平凡に時は流れるのかと思い、無意識の内に予定をこなすことが多くなる。

そうした日常の繰り返しの中でも、ちょっとした喜びには出逢えるもの。その人なりの感性の濃淡が、事にあたっての驚きの様子を変えているのかもしれない。繰り返される日常の行動の中で、新しい発見や出逢いは、今まで何ともなく通り過ぎていた景色や情景の、ちょっとした違いに対して感じるものかもしれない。

同じことが、同じように繰り返されるだけでは、特別の驚きすら感じなくなってしまい、いつの間にか無意識の中に埋もれてしまう。慣れてしまうと、価値も感じなくなってくる。驚きを感じるというのは、ちょっとした変化に対するものなのである。

そのちょっとしたことが、なかなか思い浮かばないのかもしれない。

街を見ることも、自分自身の感度を高めることに繋がる。ただ、その折の眼差しは、単に街の施設を見るのではなく、その場を往来している人の動きや会話に耳を傾けることである。

他人の動きや興味の領域が何かを見聞すると、今までの自分の発想とは異なる視点に気づくことがある。街は人の往来するところ。なぜ人は動こうとするのかを自分なりの仮説で考えることが変化実感の出発点になる。

人の眼は前を見るような構造になっているが、四方八方に眼をやることは出来る。更に体をひねれば十六方にも視野は広がる。そして、物事の真相や要点を見極めようとする心の働きでもある「心眼」をもって考えれば、変化への気づきの幅も広がるものである。

マーケティング・スタッフが持つべき眼は，未来／競争／現場の眼。

マーケティングの実践で最も大切なことは，好奇心と自分の頭で考える姿勢をもつことである。

義務的に，しかも概念の枠組を借りて街や現象を見て回っても面白くないし，発見もない。街歩きの場合には，自分の目で見て，自分の脳で考える「考動思考」の訓練と心得るべきである。

特に街の動きは，活字になる前の本のように，沢山のガイドが隠されている。

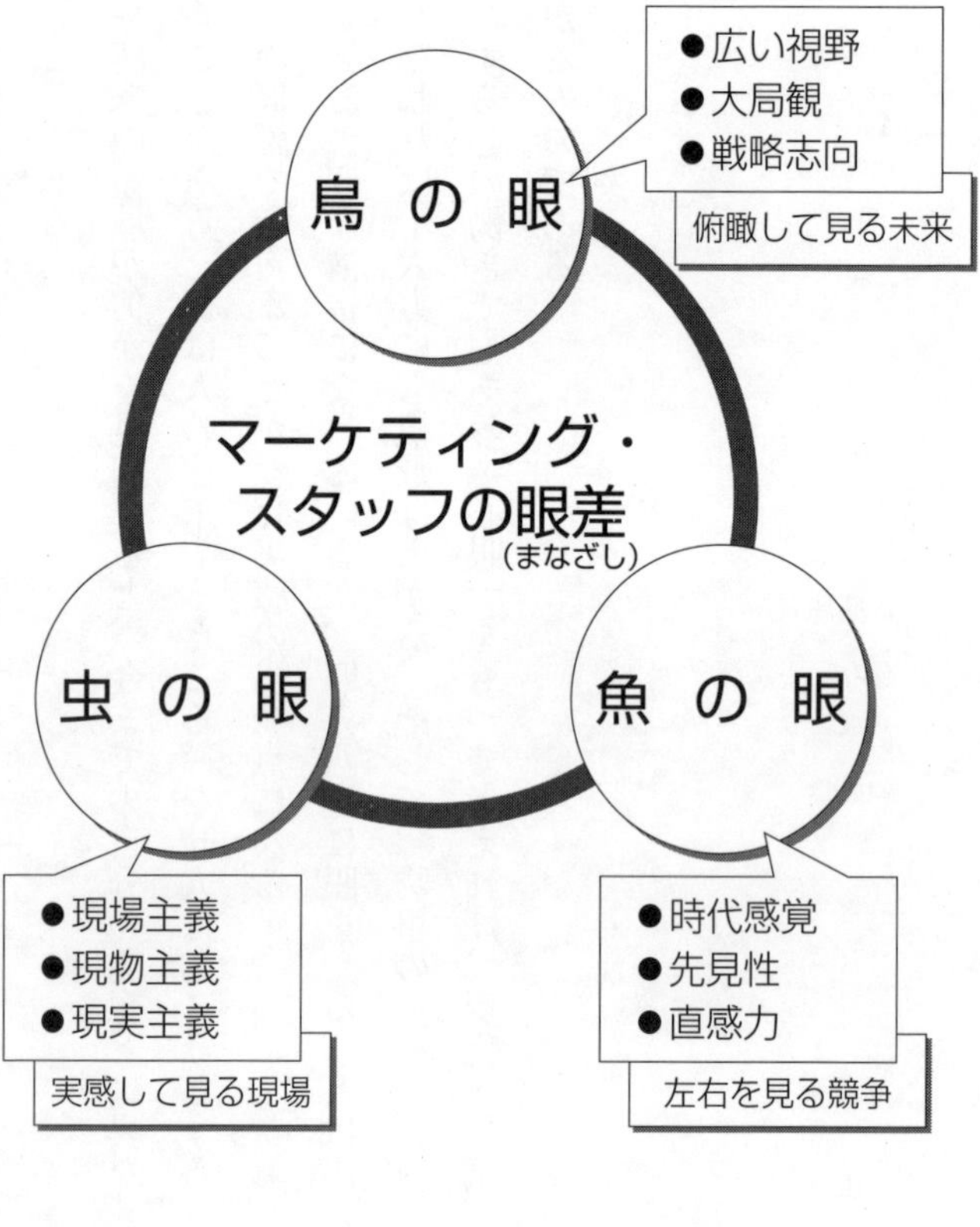

［探索の道〜2話］

「調べる」ことは、「みる」ことに始まる。

現在の市場環境をつぶさにみて調べて、今後の戦略を考えよう・・・。といった声は、マーケティングの分野で日常的によく発せられる言葉である。

ここで言う「みる」とはどのような意味を持っているのであろうか。さまざまな漢字がある。「見る／観る／視る／診る／看る」である。それぞれに意味を持っている。市場の様子を〝みる〟のは、これらの複合的な意味になろう。

先ずは、「見る」ことから始まる。現実に起きている事実を、自分の目で確かめることである。単に他人の書いた報告書を読むことで、何となくわかったつもりになるのではなく、実際に起きていることを確認する行為でもある。

続いて必要なスタイルは「観る」ことである。観劇・観賞という言葉もあるように、対象を明確にして、楽しみながらみることである。問題意識を持って、不思議を発見する姿勢でもある。更に自らの問題意識を深めるためには「視る」ことが必要になる。細かなチェックリストをもって見直すことである。何を調べるべきか、どこで確認するのかといった視点を鮮明に持っておかなければ、時折国会議員の行動が槍玉に上がる物見遊山の視察になってしまう。

更にマーケティング・スタッフには「診る」姿勢が必要である。診察の言葉があるように、課題解決の方策を考えながら、現状を再度確認する行為である。そして、実行した後の成果を「看る」ことが続く。状況の変化がどのような様子であったかを、自分の目で確かめることである。

マーケティング・スタッフとして、何を見るか、何を感じるか。変化の波は、誰に対しても押し寄せてきている。問題は、その変化をどのような見方で「みて」いるかの姿勢が問われる。

マーケティング思考は，「視点／視野／視座」の複合で高まる。

1955年に紹介されたマーケティングの基本思想は，時代を超えて今に生きるビジネスの基本思考である。

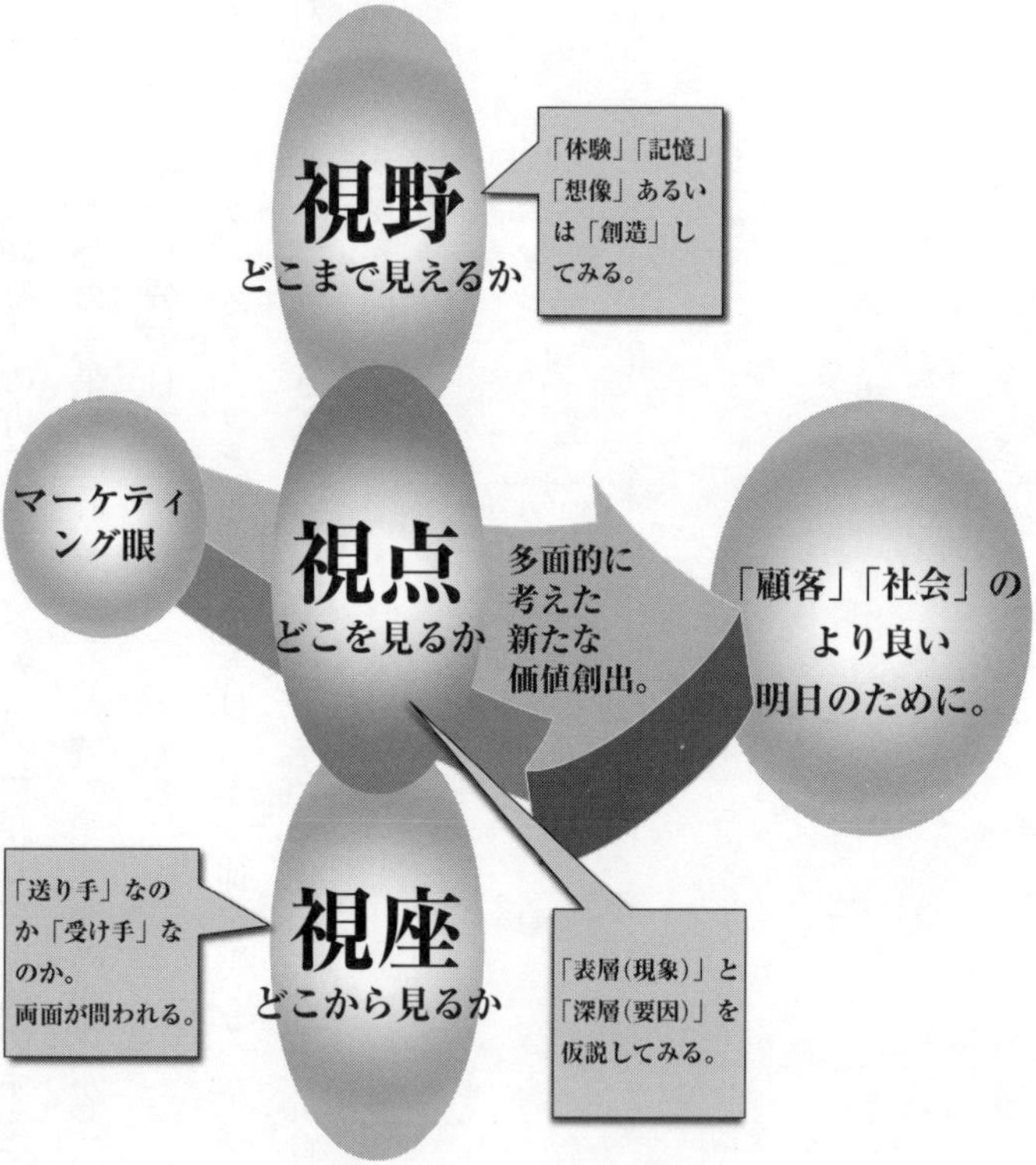

［探索の道〜3話］

ビジネスにも普段の暮らしにも、「選択と集中」がある。

経営の現場でよく聞く言葉の一つに「選択と集中」がある。市場適応力の高い事業、利益を生み出すことが期待できる事業を峻別すべく、今後の展開を白紙に戻して選択対象として再考をし、特定した事業に対して集中的に投資をしていこうとする考え方である。総合化を指向した大規模企業に多く見られる基本的な戦略発想にも聞こえてくる。

かといって、考え方自体は企業規模の大小によるものではない。

従来よりマーケティング戦略で語られてきたことだが、市場分析の基本とも言われる「3C（Customer/Competitor/Company）分析」において、顧客（Customer）はある層を「選択」し、競争者（Competitor）に対しては「差別化」を、そして自社内資源（Company）は得意分野に「集中」して考えるのが常道と言われてきている。「選択と集中」への注目である。全ての機能を一元的に包括して管理することの非効率性は、言うまでもないことである。それよりも、自らの強みを見極め、一点集中的に資源投下をした方が、はるかにその効果が上がるであろうことは自明のことであろう。

しかし、言葉の持つ意味を熟考しなければならない。「選択」するためには、その判断尺度が必要になる。また、選択対象にならなかったものは「排除」の対象となることである。さらに、「集中」することは自分自身の強みの再考である。何が「強み」なのかを客観的に判別することである。「選択と集中」は「排除」の論理でもあることを忘れてはならない。「あなたは、何を捨てますか?」の問いへの答えを持つことが求められている。

上辺に流れる流行モノに惑わされることなく選択し、自らのくらしの原点を集中して考える必要があることを示唆している。「断捨離」が言われるのも、そのような思考が背景にあるのかもしれない。

「3C」は答えを教えているのではなく，解析の視点を示している。

1 Customer（顧客：選択）
- 業界・市場規模の動向（予測）分析
- 市場のセグメンテーションと主要ターゲットの動向（予測）分析
- ユーザー分析，ユーザーリサーチ
- ユーザーニーズ～ソリューション分析　など

2 Competitor（競争：差別）
- 強み・弱み分析
- ビジネスシステム分析
- ベンチマーキング分析
- 戦略分析　など

3 Company（資源：集中）
- ビジネス・ヒエラルキー分析
- 強み・弱み分析
- 戦略課題分析　など

3C分析のテーマ例

	各種分析からのファインディング	ひと言でいえば……
Customer	• 高齢者の増加で，資産の継承が生活課題になる。 • 買物行動の範囲が狭くなっている。 • 商品選択の学習レベルが高くなっている。	* 対高齢者市場での新たな生活価値の創造。
Competitor	• A社が多地点戦略を計画し，今秋より一気に進展の予定。 • B社が営業パーソンを補強中。 • C社が定期的キャンペーンを展開。	* 競争者のダイナミックな動きに対抗すべき静→動への転換。
Company	• 地場で誕生，成長してきたという歴史的事実がある。 • 誠実な営業姿勢が顧客から評価されている。	* 歴史と信頼をベースにした強みを，明示的に発信・発現。

3C分析の結果，企業事実の発信が不可欠ということがいえる！

［探索の道～4話］

身体に汗して動くだけではなく、
頭に汗して
考え、動く。

'80年代には自信過剰気味であった日本型経営に対して、今世紀の企業人は自信喪失に陥っているように見える。企業を取り巻く環境にも、社会を明るくするようなテーマがなかなか見えてこない。

他方で、グローバル・スタンダードを目指せ、という声が喧しい。しかも、グローバル・スタンダードとは、アングロ・アメリカン・スタンダードの意にも聞こえてくる。米国型経営が万能なわけでもない。どちらがよいか、という二者択一の問題ではない。どちらにもそれぞれ長所もあれば短所もある。

明治維新以降、日本のビジネス界には常に追いつく（学ぶ）べき欧米という先進モデルがあった。グローバル・スタンダードという掛け声は、まだわが国の外に先進モデルが存在する、と思っている人達が発しているのではないだろうか。

すでに先進モデルは存在しないことを認識すべきである。自分自身で考えるしかない時代になっている。

高度成長期を通じて日本経済を牽引してきた重工業が、今や国際競争力を失いつつある。産業構造そのものを転換すべき時代になったと考えざるをえない。

改めて、企業の存在意義を問い直す時と心得ねばならない。「学ぶ」ことと合わせて「考える」ことが求められている。まさに、頭に汗する時代と認識しておきたい。

ＳＮＳの発達や新たな通信メディアの進展は、21世紀型ビジネスに今まで以上の「速さ」を求めている。「デキルこと」をすぐにやる。つまり、「即断・即決・即変更で、即実施」の「拙速」スタイルである。

アイデアを思いついて、じっくり考えまとめ上げる「巧遅」スタイルでは、時代価値に適合しているとは言えない。

仕事の環境や状況は常に動いている。その時々に対応・対処する「現場実践力」がなければ効果は期待できない。ビジネス機会の発見と創造には、市場の変化をキャッチアップするマーケティング実践力が今まで以上に必要な時代である。

ビジネスの力は，業務遂行力と機会創造力のバランスである。

会社や組織は，「仕事ができる人間」を望んでいる。その内容は，「業務の遂行力」と「機会の創造力」のバランスである。

20世紀のビジネスでは，「与えられた仕事を，決められた通りにきちんとこなして」一人前といわれていた。しかし21世紀の今は，自分で問題や課題を見つけ出し，自らの力で解決することが求められている。

「指示された通りの仕事のやり方」からの脱却が求められる環境にあって必要になる力は，経営の基本的な理論を理解したうえでの「問題に気づく」能力であり，まさに，理論に裏打ちされ，一過的なアイデアに終わらない「現場力」である。

2つのビジネス力

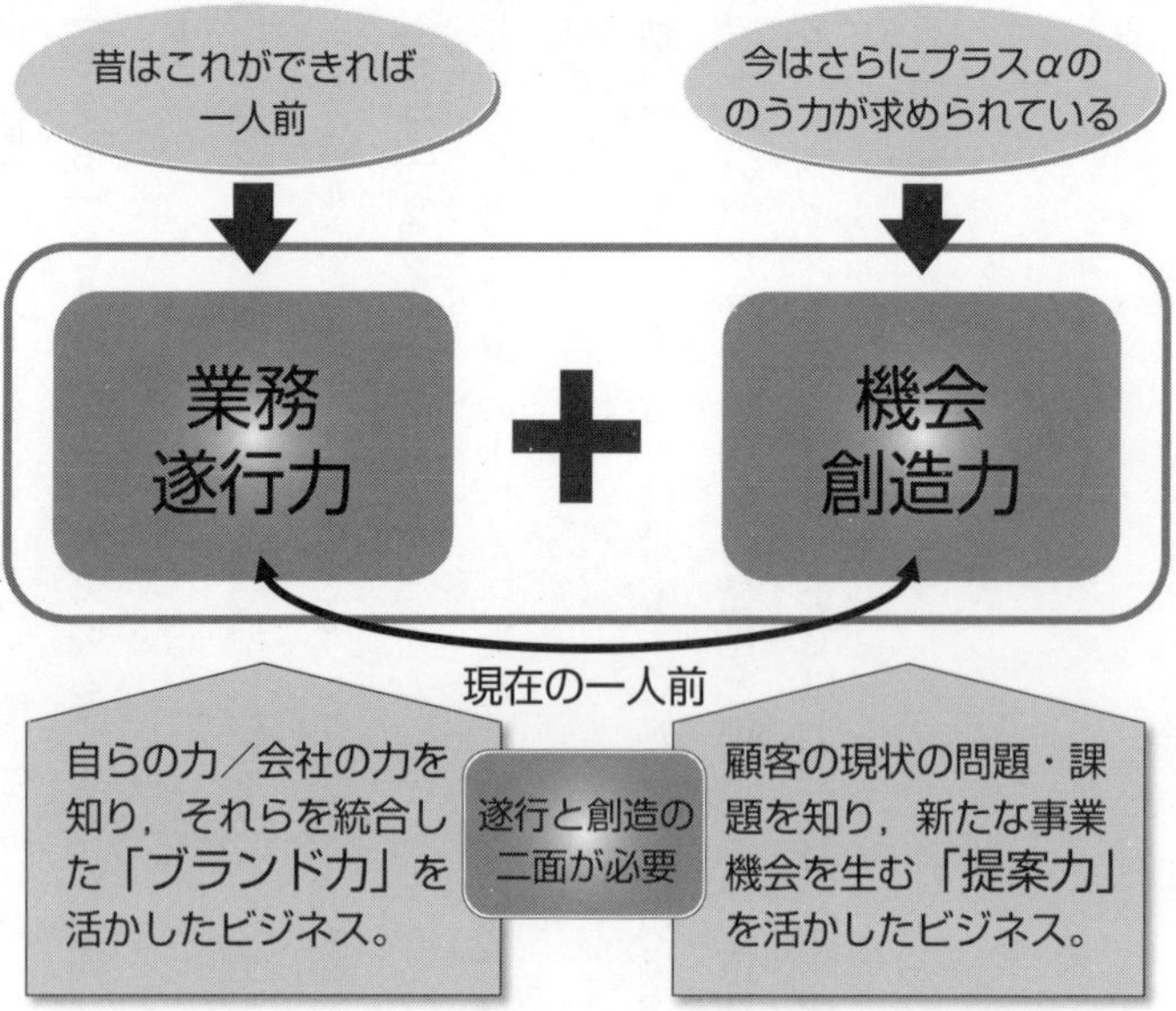

［探索の道～5話］

「記録」メディアより、「記憶」メディアの鮮度管理が問われる。

海外の名所旧跡の前で、おもむろにカメラを前に笑顔をつくる姿。日本からの団体観光客ご一行様の基本パターンとして、長く定着した光景である。今も時おり見かけるスタイルで、決して悪いことではないと思う。自分の訪問した証を、何がしかの形にして残しておきたいという気持ちからの行動であろう。最近は、そのカメラがほとんどスマホに取って代わられている。

風景の中にいる自分だけの世界を残そうとして、人が自分の前をさえぎらない瞬間を待ちながらシャッターを押す。公道でも、人が写真を撮っていると、遠慮がちに前をすり抜けていく。なぜそこまで気を遣わなければならないのかと思いつつも、お互い様の意識が働くのか、多くの人が同じような行動を取る。自分自身のある瞬間を、とり残しておきたいとの想いは時を超えて同じようだ。その際に、切り取った時間と空間をどのようなメディアに残しておくかが注目される。

かつてはフィルム。数日待って出来上がった写真を見て、思い出話に花が咲く・・・といった生活場面が思い浮かぶ。自らの行動が、記録として残る。それがいつの間にか、CDになりMOになりSDカード・HDDになりと、小さくなることは勿論、数日を待たずして、即刻残像を見ることが出来るようになってきた。思い出としてよりも、その瞬間を確認するような行動へと転換したのである。

外部にあるメディアに記録を残せば、その時の情景が再び想起されてくる。しかし、人は何よりもすばらしいメディアを体内に持って生活している。記憶する脳。外のメディアではなく内なるメディアである。そこに何を書き込んでいるのだろうか。旅行記，随想，記録の日誌・・・、と多岐にわたるはず。昔から、旅行に行って「とってよい」のはその地の「草木」ではなく「写真」。「のこしてよい」のは「ゴミ」ではなく「思い出」と言われる。

「記録」のメディアは、本人の「記憶」のメディアの内容を確認する補助役に過ぎない。「記録」メディアにこだわってデジカメをわがもの顔で使うことよりも、脳にある「記憶」のメディアを常に鮮度高く磨く感性を持つことの方が、思い出の増幅には役立つものだと思うのだが。

メディアの進化は日進月歩。遅れず慌てず自分の道具に。

1970年代 → パーソナル

- 公衆電話の市内通話が10円で3分に〈1970〉
- 日本万国博覧会開催〈1970〉
- 「アンアン」創刊〈1970〉
- 「ノンノ」創刊〈1971〉
- 「ぴあ」創刊〈1972〉
- セブン-イレブン第1号店開店〈1974〉
- 公衆電話にプッシュホン登場〈1975〉
- 広告費でテレビが新聞を上回る〈1975〉
- 「ポパイ」創刊〈1975〉
- アップル（Ⅱ）発売〈1976〉
- 「スペースインベーダー」（タイトー）〈1978〉
- 「PC8001」(NEC)パソコンブームに口火〈1979〉
- 「ウォークマン」（ソニー）〈1979〉
- コードレス電話，自動車電話サービス開始〈1979〉

1980年代 → マルチメディア

- ビデオ普及率10%を超える〈1981〉
- カラオケの台頭〈1981〉
- CD，CDプレイヤー発売〈1981〉
- テレビ情報誌の創刊相次ぐ〈1981〉
- 「ファミコン」（任天堂）〈1981〉
- カード式公衆電話〈1981〉
- NHK衛星放送スタート〈1981〉
- 文字多重放送始める〈1981〉
- ゲーム本人気〈1981〉
- ニュース，報道番組の新設，ワイド化が相次ぐ〈1981〉
- 男女雇用機会均等法スタート〈1981〉
- 女性誌創刊ラッシュ「日経Woman」「Hanako」〈1981〉
- ビデオ普及率50%を超える〈1981〉

1990年代～ → モバイル

- 都市型CATV開局ラッシュ〈1990〉
- 自動車携帯電話，コードレス留守番電話〈1990〉
- 「少年ジャンプ」600万部突破〈1990〉
- WOWOW放送開始〈1990〉
- 朝日新聞がテレビ番組覧に「Gコード」掲載〈1990〉
- 米国「情報スーパーハイウェー構想」発表〈1990〉
- 家庭用32ビットゲーム機，パソコン通信，インターネット，パーソナルファックス，通信カラオケ〈1990〉
- PHSサービス開始〈1990〉
- 「ウインドウズ95」発表〈1990〉
- 「衛星携帯電話サービス」（NTT DoCoMo）開始〈1990〉
- 「ｉモード」登場〈1990〉

21世紀 → デジタル

- 00年　BSデジタル放送の開始
- 05年　地上波のデジタル放送の開始
- 11年　地上波アナログ放送終了

Twitter Facebook などSNSの進展

デジタル化の波

［探索の道～6話］

自らの意志は、ストーリー（物語）にまとめる。

日本にマーケティングが紹介されてより半世紀強の時が流れている。その間に企業はさまざまなモノを生み出し社会に提供してきた。

モノが不足状況の社会にあっては、同質的な商品を大量に提供することが企業の成長を約束していた。「標準・単純・専門」を合言葉に、大量生産・大量販売の仕組みが模索され、決められたことを決められた通りに実行することが、企業経営の根幹でもあった時代である。そこにおける「きかく」はまさに「規格」。当たり前のことが行われるような処方が生み出されていった時代があった。「きかくしょ」も「規格処」の字が充てられるか。

時移り、モノが溢れる社会になると、不要なものはそぎ落とし捨てる技術が注目されるようになっていく。言葉にはならないものの、自分の好みにあったモノを求めたいとする心理が一段と高くなってくる。ましてやこれからは、モノに対して自らの識別眼を振りかざす多くの熟老年層が登場してくる。自分規格に合わないものは排除するマインドが大きくなってくることが予想される。決められたものを、決められた通りにつくれば善しの「規格」ではなく、細やかなニーズに適応し得る「企画」が必要になる。「企画」は読んで字のごとく

「企て：発想や考え」を「画す：表現する」行為。考えたものをどのように現すにしても、他者との意味交換がなされなければ提供者の意図は通じない。考えを表現する「書き（描き）物」が必要になってくる。まさに「きかくしょ」は「企画書」であり、ストーリーとしてまとめられた物語である。

更に現在、人口減少が注目されている。特定の集団を対象にした細分化市場の考えに止まらず、一人ひとりの個別的なニーズへの適応が要求されるようになってきている。モノをつくる企業サイドだけの考えを押し付けることが出来なくなってきている。使用者・消費者と共に何かを生み出す仕組みや場が、今まで以上に必要になってきている。

語り合い、生み出す場。「企画所」とでも文字が充てられる創造の場が、現在の企画そのものではないかと思われる。

企画は，意志をカタチに示していくプロセスである。

企画を推し進めるにあたって，常に心しておくべきことは，「この企画は，『誰に』提案（プレゼンテーション）するのか」ということである。

自らがまとめた「物語」も，聞いて貰える人がいなければ「独白」になってしまう。

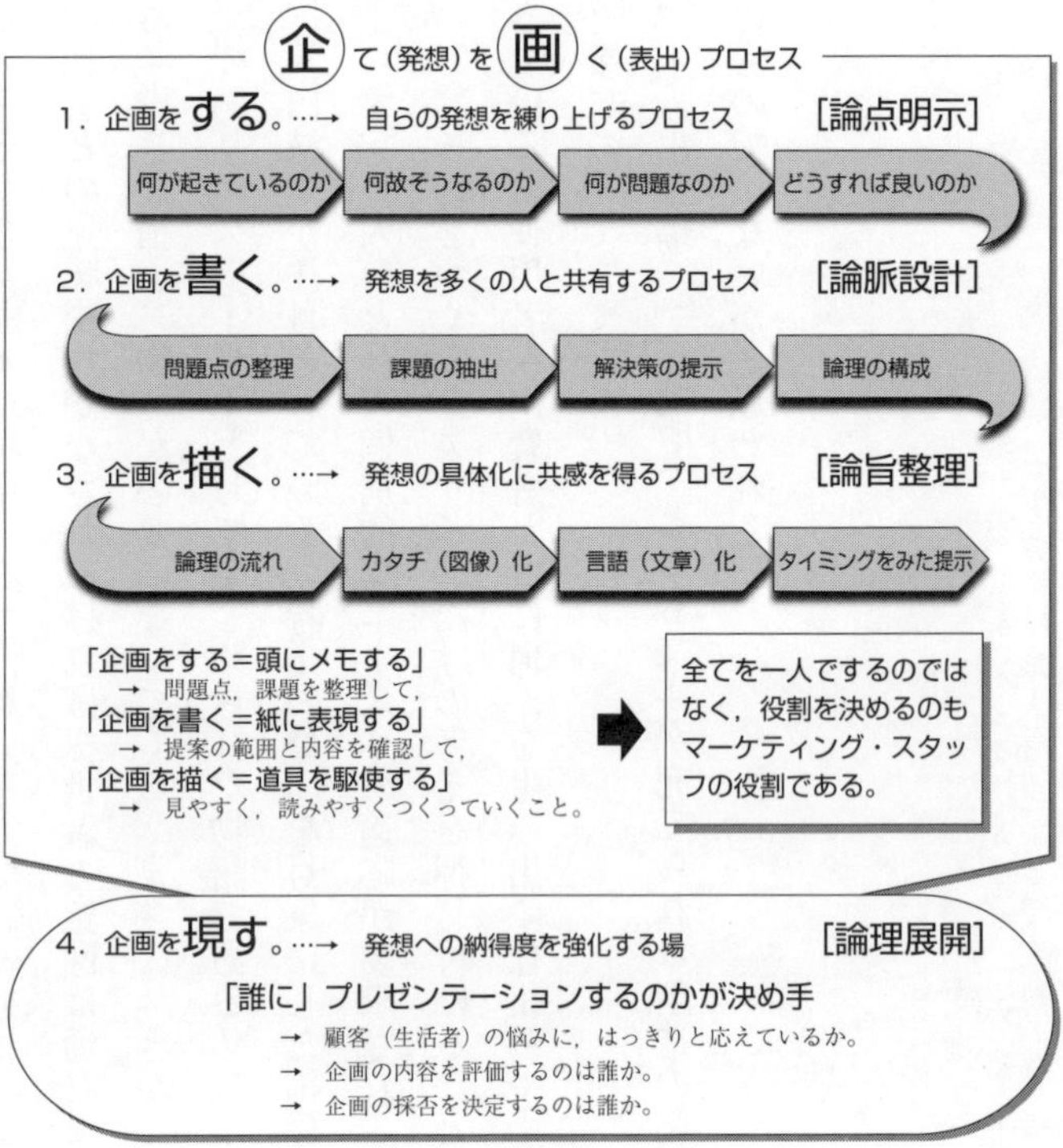

［探索の道〜7話］

日本語で通じ合う
コミュニケーションを大切にする。

経済環境に鈍な空気が澱んでいる感が長く続く現在、経営活性化糸口の一つに、豊かなコミュニケーション力の発揮があるようだ。「関係性」を基軸にしたマーケティング・パラダイムの底流には、お互いを知り合うコミュニケーション力が問われている。

1999年出版の「日本語練習帳」（大野晋著：岩波新書）は、180万部のベストセラーであった。さらに、2001年9月の「声に出して読みたい日本語」（齋藤孝著：草思社）も100万部を超すベストセラーになっている。同じ著者の「三色ボールペンで読む日本語」（角川書店）は、読書法の一つを紹介しながら、日本語の持つ豊かな語彙を改めて発見させるきっかけになった書である。

グローバル化が言われる中、バイリンガルが当たり前と評価されるビジネス環境にあっても、まずは自分の生まれ育った風土に根付く言語を、正しく広く使えることがコミュニケーションの原点となる力である。日本語の豊富な語彙で、自らの思いや感情を伝えなければ、経営の舵取りもままならないであろう。しかもSNSの進展もあり、自己表現を言語以外で果たすパフォーマンス主体のコミュニケーションを得意とする最近の若者たちと、いかに意思疎通するのか。そのような場面でも、日本語の重要さに注目度が高まる。「常識として知っておきたい日本語」（柴田武著：幻冬社）や「日本語語源の楽しみ」（岩淵悦太郎著：グラフ社）などは、本来は今の若者たちにこそ読ませたいと思ってしまう。

自分たちの国には、このような美しい言葉があることを、「この国のことば」（半藤一利著：平凡社）「声に出して読みたい万葉の恋歌」（松永暢史監修：河出書房新社）で見直してみるのも良い。一人の発した言葉が、他者に影響を与えて新たな気づきを生み出すことがある。外山滋比古氏は「乱談のセレンディピティ」（扶桑社）で、交差しあう談話を薦めている。

ブームとしての「日本語」、学習としての「国語」でなく、自らを見直す探索の入り口としての「日本語」。その志を大切にしていたい。

話すことの難しさと楽しさを，井上ひさし氏が教えてくれている。

自分の持つ「語彙力」にもよるが，他人に何かを伝える際に言葉だけで伝える難しさを常に思うことがある。

迷い道に入った時にいつも振り返るのが，井上ひさし氏が遺した言葉である。

ビジネス・センスは，他者への話し方によって表出され，その人の「人となり」を感じさせるものになることを思い知る言葉である。

むずかしいことを，やさしく。
やさしいことを，ふかく。
ふかいことを，おもしろく。
おもしろいことを，まじめに。
まじめなことを，ゆかいに。
そして，
ゆかいなことは，あくまでゆかいに。

井上ひさし：小説家，劇作家，放送作家

［探索の道〜8話］

表音理解ではなく、源流の意味を知る

ビジネスのさまざまな場面で、パソコンを使うことが当たり前になって久しい。

80年代初頭に盛んに言われたＯＡ革命。90年代にはＩＴ革命。そして今は、ＩｏＴにＡＩ。パソコンは、ソフトがなければただの箱に過ぎない。しかし、メールでお互いの業務内容の確認も出来る。はるか遠方の友人と、手紙にはない気安さで近況報告のやり取りが出来る。便利である。

街に出れば、スマホ＆携帯でのコミュニケーションが当たり前になっている。ファストフードで１００円のハンバーガーを頬張りながら、一方の手は器用にキーを操作する。昼日中の街角で、詮方ない表情でメールのやり取りをしている若者。彼はニートなのか。フリーターなのか。

われわれが、何気なく使っている言葉の中に、カタカナ語の多さには驚くことがある。この小論にもカタカナが多い。これをどのように言い換えたら良いのか。

パソコンは既にして日常用語。いまさら電子計算機などとは言わない。それよりも、コンピュータの中国語「電脳」の方が、今のパソコンの機能を言い当ているようにも思う。「ＯＡ」はオフィス・オートメーションとこれまたカタカナ。「ＩＴ」はインフォメーション・テクノロジー。「ＩｏＴ」は"Internet of Things"そもそも該当する日本語を探すのが至難のことである。

「パソコンにソフトをインストールする」という表現を、全て日本語で語るとなると、どのように表現すれば良いのであろうか。

「コミュニケーション／ファストフード／キーボード／ニートにフリーター・・・」日常の中にカタカナ語が氾濫している。カタカナは音の表記。表音の理解で判った気になってしまっているのかもしれない。

してみるとマーケティングもカタカナ。わかったつもりになっているマーケティング・スタッフ（これもカタカナ）が多いのではないか。

言葉の意味は，源流を辿って正解に理解する。

普段，何気なく使っている単語も，その語源を知ると意味の共有が促進される。

安直な言葉遣いは，お互いが「わかったつもり」になってしまう。

意味を知った言葉は，「知の幅」を広げる。

報告＝Re（戻る）－Port（港）：航海後は、港に戻って事実を見直して正しく伝えること。

提案＝Pre（前に）－Sentation（在る）：事前に次を予測して、気づかせること。

説明＝Ex（相互に）－Planation（平易）：お互いが理解し合えるように平易に語ること。

概念＝Concept（胎動）：新しい生命が躍動を始めること。その生命を説明すること。

[コンセプト相互の関連性]

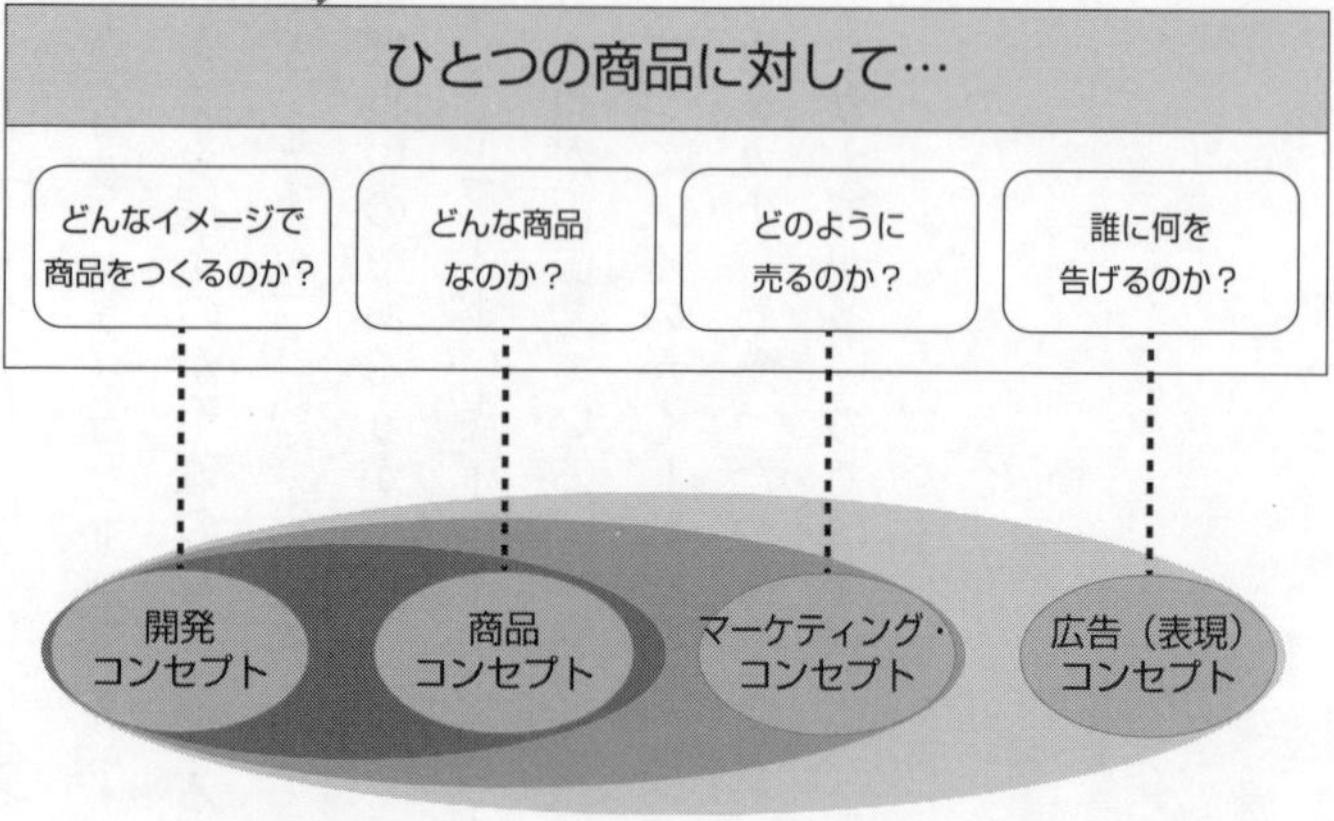

③熟慮の道

自分の頭で次代を創造（想像）することが求められる。今まで以上に，知恵の連繋が必要な時代である。単なる情報を超えた，人的なネットワークも必要になる。「縁の連鎖」構造を創出した者が，マーケティングのリーダー役を担うことになることもある。

知見が積み重なると，単なる経験を超えた自らの知恵になって重なり合っていく。自らが持つ知識や積み重なって生み出された自分なりの解釈は，いつ，どのように重ねられたのかを，時に再発掘するのも良い。

［熟慮の道〜1話］

自らの心に問い続ける意識と姿勢が、自己の進化につながる。

マーケティング思考を忘れずにビジネスを実践すること。そのために、常に今の時代環境の変化を、自らの進化に結び付ける思想が必要である。自分自身の体験も含めて考えると、「企業」人を離れて「起業」する際には、3つの心得があるように思える。自らが進み行く道を切り拓く「覚悟」と見ることもできよう。

一つは「想」：

自分は何をしたいのか。幼い頃より「想い」続けてきたことはあるのか、長じてどのような分野に身を置こうと思ったのかを、常に「想起」すること。

個人的には、幼少期よりの「想い」が支配していたこともあり、起業することが「思念」のベースにあった。経済的な価値追求ではなく、自らの「夢想」の実現が主題である。遠い先を読むことは出来ないが、近い将来（3年後）、自分はどのような環境で、どのように振舞っていたいかは、常に思考したい。常時思考である。英語では"Full-Time Thinking"になるが、日本語訳で言えば「問題意識を持つ」ということになる。

二つは「脈」：

起業するには経済的な支えは必要である。いわゆる「金脈」。しかし、それ以上に必要なことは自らの想いを支援してくれる「人脈」である。

特にプロジェクトを推進するにあたり、誰を知っているか、誰とコンタクトを取ればうまくいくのかは、プロジェクト自体の質を左右するポイントになる。

また、自分の考えを説明する「文脈・論脈」の設計は、仮想的なビジネスを実体化していく上で欠かすことの出来ない能力にもなる。

三つは「動」：

考えを持たずに動くのではなく「考動」の心得を持つこと。人は往々にして考えすぎるとネガティブ思考に陥りがち。そこそこ考えたなら、動くこと。

インターネットが常態化した今、連絡には「速度」よりも「即度」が求められるようになっている。それだけに、起業家自身の動きの良さ、日常の動作は他者からの評価にすらなっている。わからないことがあったならば、ネットの検索は当然の動きとして、これに何を加えることが出来るか、誰との出会いを演出できるかを熟考することによって、ビジネスの広がり方は異なってくる。

想いをカタチにすることで事業は始まる。

起業への「想い」は一時的な思い付きで生み出されるものではない。しかも，「想い」だけでは事業への共振者は集わない。

具体的な行動，そして何よりも，プロジェクトを動かす「事実」を示すことが必要である。

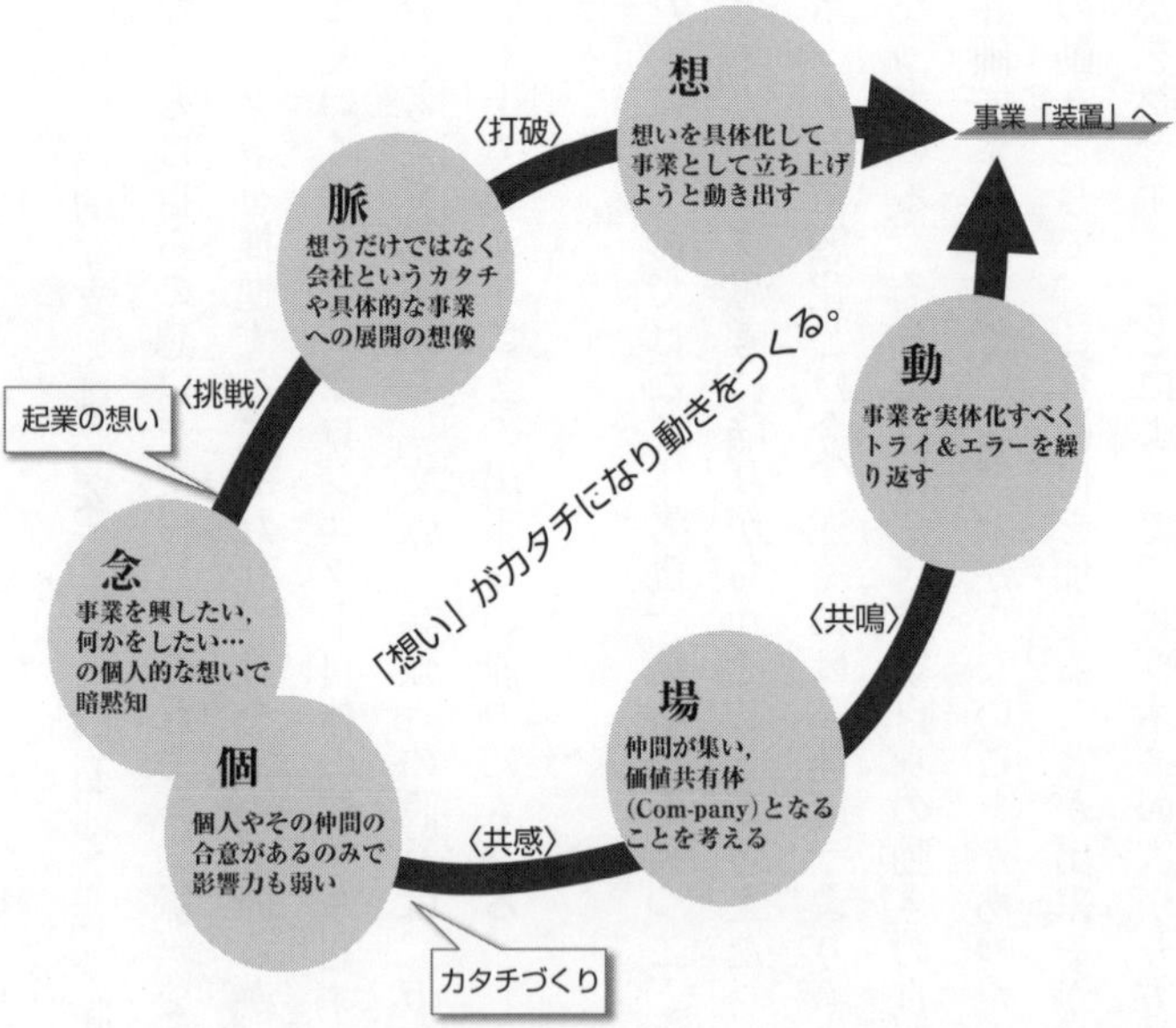

［熟慮の道～2話］

「変化」を自分の心に感じるのが、マーケティング・センスの基本である。

今迄に起きたことや、売上の変化などを精緻なグラフで示そうと、じっとパソコンをにらみつけているビジネスパーソンに出逢うことがある。机には、数値が実に細やかに示された表が置いてある。「見える化」という言葉が当たり前になった今、一日の業務時間のなかでも、かなりの時間を使って表に記載された数値をグラフ化したり、要約した数表を作成したりと、実に細やかな作業。上司からは「出来たか?」とせかされ、気もあせってしまう。

そして、出来上がって整理された数表にじっと目をやり、何となく満足した顔を見せる。今日はいい仕事をしたといった雰囲気。確かに、作業としてみれば、それなりの時間も費やして集中したので、その労力は評価される。ただ、問題はその数表から何を読み取るのかが問題。過去の事実をいくら見ていても、未来はうかがい知ることは出来ない。

それ以上に必要なことは、未来を夢想することである。過去からの延長で見る未来は、比較的「既知なる未来」であることが多い。たとえば、わが国の高齢化の進展は過去のデータを読んでおけば、ある程度は推定できる。問題は「未知なる未来」を描くことにある。

3年後・5年後の自分自身の姿が具体的に浮かんでくるだろうか。ぼんやりとしたものでも構わない。何となく思い浮かぶものがあるかないかが重要である。自分自身の直観力が問われる。「直観」は。「判断・推理などの思惟作用の結果ではなく、対象を直接に知的に把握する作用」と言われる。

ある状況を掴みとる力とも言えよう。未来を感じて掴み取ること。そのためには、①着眼／②構想／③構成／④実感／⑤予知の5つのバランスが問われる。この5つを自らの力に替えていくことが、マーケティングを考え実践するビジネスパーソンに求められている。

そこでまず、自らの心に問うべきこととして、5つの視点一つひとつを自らが確認していきたい。まさに、自問自答の時である。

マーケティングに必要な5つの力を確認する。

環境変化への創造的な適応を心するマーケティング行動。その実践を志すビジネスパーソンには，常に変化に敏感な能力が問われている。

整理すれば5つの力に集約される。そのバランス感覚こそがセンス向上に繋がる。

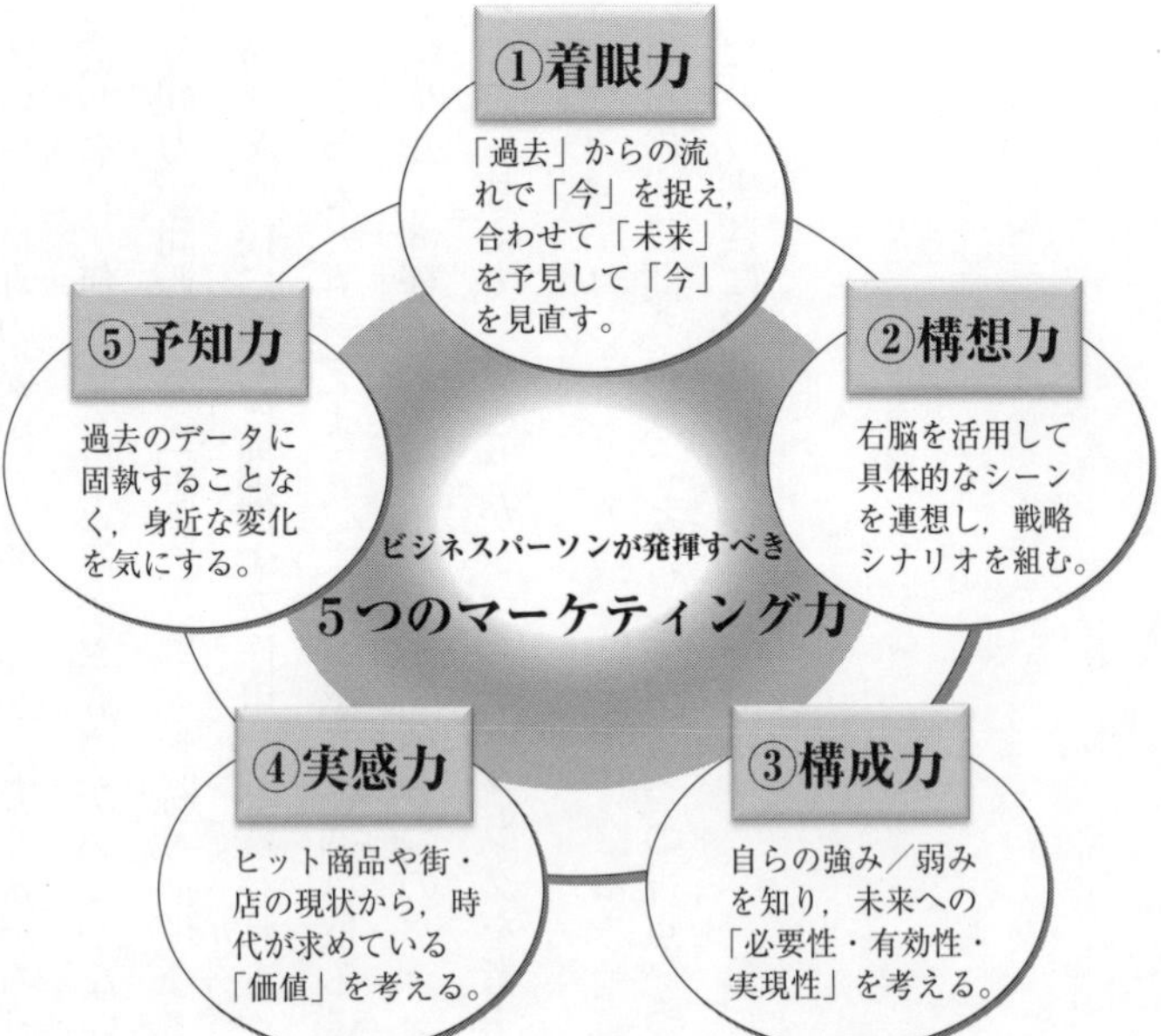

［熟慮の道～3話］

ビジネス年齢は、実年齢の「八掛け」で丁度いい。

情報のやり取りが瞬時に行われる時代。それだけに、今までは知らずに済んでいたことが、こちらから働きかけることなく、ある時は雑音のように飛び込んでくることがある。何となく時の流れも今まで以上に早いように感じてしまい、歳を重ねるのも、少なくとも20年前に比べると、一段と早くなっているような感覚に陥ってしまうことがある。

だからであろうか、今までは想定出来なかった年齢での出来事に出会うことが多くなったように思える。何も社会的な犯罪にかかわることだけではない。ビジネス空間での出来事や出会いにおいてである。

少なくとも、この程度のことは、30歳にもなれば当然出来るだろう・・・ということが、出来ない。この程度の知識であれば、既に20代半ばで知っているのが当たり前ではないか・・・と思って接していると、知らない。幼い頃から、自分の頭と自分の言葉で、目の前に起きた現象や事象を説明する癖を付けてきたのだろうか。他者が準備したマニュアルに沿って、決められたルールに則った行動だけを繰り返してきたのではないかと疑ってしまう。人はさまざまな思考をする生き物である。そして、自分なりの気づきを自分の知恵に転換できる能力を持つものである。どうやら、そのような考えも当てはまらなくなってきているのであろうか。

従前に比べれば、確かに社会の変化が早い。昨日まで新しいと言われていたことが、今日は既に過去のものとして紹介されることすらあり得る。変化が激しいと、現象に対する感覚が、逆に鈍くなるのかもしれない。どうやら、社会的年齢も少し割り引いて考えておかないと、過去の常識とかけ離れてしまいそうである。20年、30年前のビジネス常識から判断すれば、八掛けくらいで想定した方がよいのかも知れない。今の30歳は、かつての24歳。40歳は32歳。時の変化の早さが、逆に内面的知の進化を後追いさせているように感じることがある。

生活変革を促すのは，個人別のライフエポックである。

生活スタイルの変化は，さまざまな要因で起きると考えられる。年齢の変化もあろうが，それ以上に重要なことは，生活自体に起きる変化の節目（エポック）である。

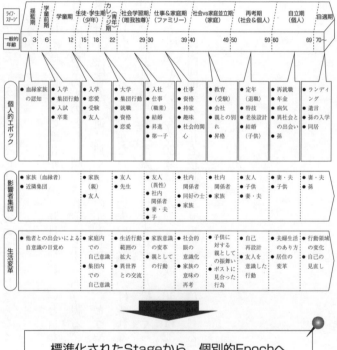

そこには標準化された年齢別のライフステージの考え方は組み込まれない。

ライフ・ステージ	揺籃期	学童前期	学童期	生徒・学生期（少年）	カレッジ期（青年）	社会学習期（唯我独尊）	仕事＆家庭期（ファミリー）	社会vs家庭並立期（家庭）	再考期（社会＆個人）	自立期（個人）	自適期
一般的年齢	0 3	6	12	15 18	22	29	30 39	40 49	50 59	60 69	70～

個人的エポック	● 血縁家族の認知	● 入学 ● 集団行動 ● 入試 ● 卒業	● 入学 ● 恋愛 ● 受験 ● 友人	● 大学 ● 集団行動 ● 就職 ● 資格 ● 恋愛	● 入社 ● 仕事（職業） ● 結婚 ● 昇進 ● 第一子	● 仕事 ● 資格 ● 持家 ● 趣味 ● 社会的関心	● 教育 ●（受験） ● 会社 ● 親との別れ ● 昇格	● 定年（退職） ● 特技 ● 老後設計 ● 結婚（子供）	● 再就職 ● 年金 ● 病気 ● 異社会との出会い ● 孫	● ランディング ● 遺言 ● 孫の入学 ● 同居
影響者集団	● 家族（血縁者） ● 近隣集団		● 家族（親） ● 友人	● 友人 ● 先生	● 友人（異性） ● 社内関係者 ● 妻・夫 ● 子	● 社内関係者 ● 同好の士 ● 家族	● 社内関係者 ● 家族	● 友人 ● 子供 ● 妻・夫	● 妻・夫 ● 子供	● 妻・夫 ● 孫
生活変革	● 他者との出会いによる自意識の目覚め		● 家庭内での自己意識 ● 集団内での自己意識	● 生活行動範囲の拡大 ● 異世界との交流	● 家族意識の変革 ● 親としての行動	● 社会的眼の意識化 ● 家族の意味の再考	● 子供に対する親としての振舞い ● ポストに見合った行為	● 自己再設計 ● 友人を意識した行動	● 夫婦生活のあり方 ● 居住の変革	● 行動領域の変化 ● 自己の見直し

標準化されたStageから，個別的Epochへ

［熟慮の道～4話］

顧客との会話に「狩猟行為」は不要。「農耕思考」が必要。

季節の変わり目に衣料を買おうと、たまにデパートに行くことがある。元来が何かを求めようとする目的を持ったラウンドなので、それ程の滞留時間ではない。その限られた時間の中でも、さまざまな体験が出来るもの。

時として、フロアーに居る人の数のうち、購入予定の顧客よりも販売予定の販売員の方が多い場合がある。そのような空間に一歩足を踏み入れたときが悲劇の始まりである。さながら速射砲のように、言葉が耳に突き刺さってくる。当方が、ゆっくりと商品を吟味しているとき。デザインや色・柄・サイズと、基本の購買インデックスに沿って品定めをしようとしていると、こちらから声を掛けることもなく、声を掛けられる。「こちらのは、いかがですか・・・この色などお似合いかと思います」・・・と立て続けである。こちらの好みの色やデザインなど、そもそも聞く耳すら持っていない、一方的である。

「購買予定の顧客と親密な関係をとり、繰り返して来店されることを促進しよう」などの考え方は微塵も見えない。そこに居る顧客は、さながら自分が捕獲すべき獲物。獲物に対して話など聞く必要もない、自分の思いをただ告げて、交換（販売）が成立すればそれで良し、といった空気を感じさせる。じっくりと育てようといった、農耕的な発想が全く見えず、狩猟的である。

獲物の側でも、ちょっと聞きたいことはある。「他のサイズはありませんか?」遠慮がちに聞く。「出ているだけです」。何ともむなしい風が吹き抜けていく。

そそくさと、狩場から逃げなければ・・・の心理が働いてしまうものである。そして、改めて「顧客」とは誰のことなのかを再考して欲しいと思う瞬間である。

「顧客」の原義は「馴染みの人」。販売の対象者ではない。

「顧客」とは，価値あるものに繰り返して近付いてきてくれる人のことである。決して瞬間的な販売対象者のことを示しているわけではない。

「顧客主導」「顧客基点（起点）」と言葉は先行するが，顧客との継続的な対話を忘れてはならない。

「顧客」

雇＝古い　**宀**＝店・家

頁＝顔・頭　**各**＝来る

●企業にとって最大の資産は顧客である。

●したがって，企業の中心課題は，顧客を引きつけ（つまり，新しい顧客を創造し），その顧客を保ち続けること（つまり顧客の保持）にある。

●顧客を引きつけるには，大きな価値をもつ提案を顧客に対して行い，顧客を保ち続けるには，顧客に対して満足を提供するとよい。

●そこでマーケティングの課題は，顧客に対する適切な提案を企画し，顧客に対する満足の提供を保証することにある。

(Philip Kotler)

［熟慮の道〜5話］

「良い」企業から
「善い」企業への視点転換の時。
「型」が問われる。

書籍タイトルに、かつてより日本企業を評価してきた尺度が見え隠れする。基本は「体つき」をベースにしているように思える。体格（企業の規模）であり、体力（経営の資源）、そして体質（組織の風土）である。

その3軸を基本にして、時の経営環境にいかに適応をするかが基になっていたと見られる。相対的な評価を想定して、多くの尺度は数量化され、企業の産出する価値の総計を、売上や利益、株価、給与水準等々の計数によって順位付けがされていたこともある。

企業の経営目的を経済的な価値増殖におけば、そのような判断も「正」として受け入れられる。

しかし新しい世紀になってからほぼ20年を経過した社会環境にあって、果たしてそのような定量的な尺度を基軸として企業の行動を見ることが良いことなのかという疑問が浮かんでくる。企業を「法人」というように、人格を持った有機体と考えれば、人を見るときに、その人の「体つき」だけで判断をするかどうかを問うてみればよい。それだけではなく、その人の「人となり」もうかがい知ろうとするのではない。先の「体格・体力・体質」に加えれば、その企業ならではの「体（てい）」とでも言うべき視点である。

その基本は、「良いか悪い」かといった相対的な尺度から、「真・善・美」のまことを持った「善い」行いとは何かを考え、社会・顧客と共に未来を創造し、価値を生み出す力を評価する時代になっていると捉えるべきではないか。

決められた分野での技能を高める学習は、その分野を横に広げる「形」は生み出すものの、新たな視点で深めていく「型」を生み出すことは出来ない。

落語家は多くの噺を自分なりの話法で芸を磨いていく。歌舞伎役者は立ち居振る舞いから、伝統的な形式美を自分なりのものへと仕上げていく。言葉で詳細に語り継ぐことのできない「芸」の世界である。同じ噺を聞いても、笑えるものと、ちっとも面白みを感じないものがあるし、同じ場面でありながら、演者によって感銘を受けたり、さっぱりと何も感じない舞台がある。これらも「芸」の違いと捉えることが出来よう。

決して表層的に身についた技ではなく、本人のこだわりからでてくるもの。それこそが、その人を現す「らしさ」であり、ブランド化の源流のような気がする。

企業には個性を発揮する「顔」がある。

企業には"顔"がある。その"顔"は，人と同じように考えられる。人の印象・イメージの第一は，外見的要素がその評価の対象となるが，企業は，経営資源，組織・制度，展開戦略が外見的要素に当たる。

しかし，人と同じように，これらの要素だけで企業実態に対する知覚は決まらない。その人の印象を決定する最も重要な要素は，にじみ出てくる「**その人の精神（Spirit）や志（Vision）**」であろう。企業は今，どのような「精神／志」を持っているのかということが重視されており，それらが外見的要素ににじみ出ることによって，外部関与者は企業のビジネス実態を知ることになると考えられる。

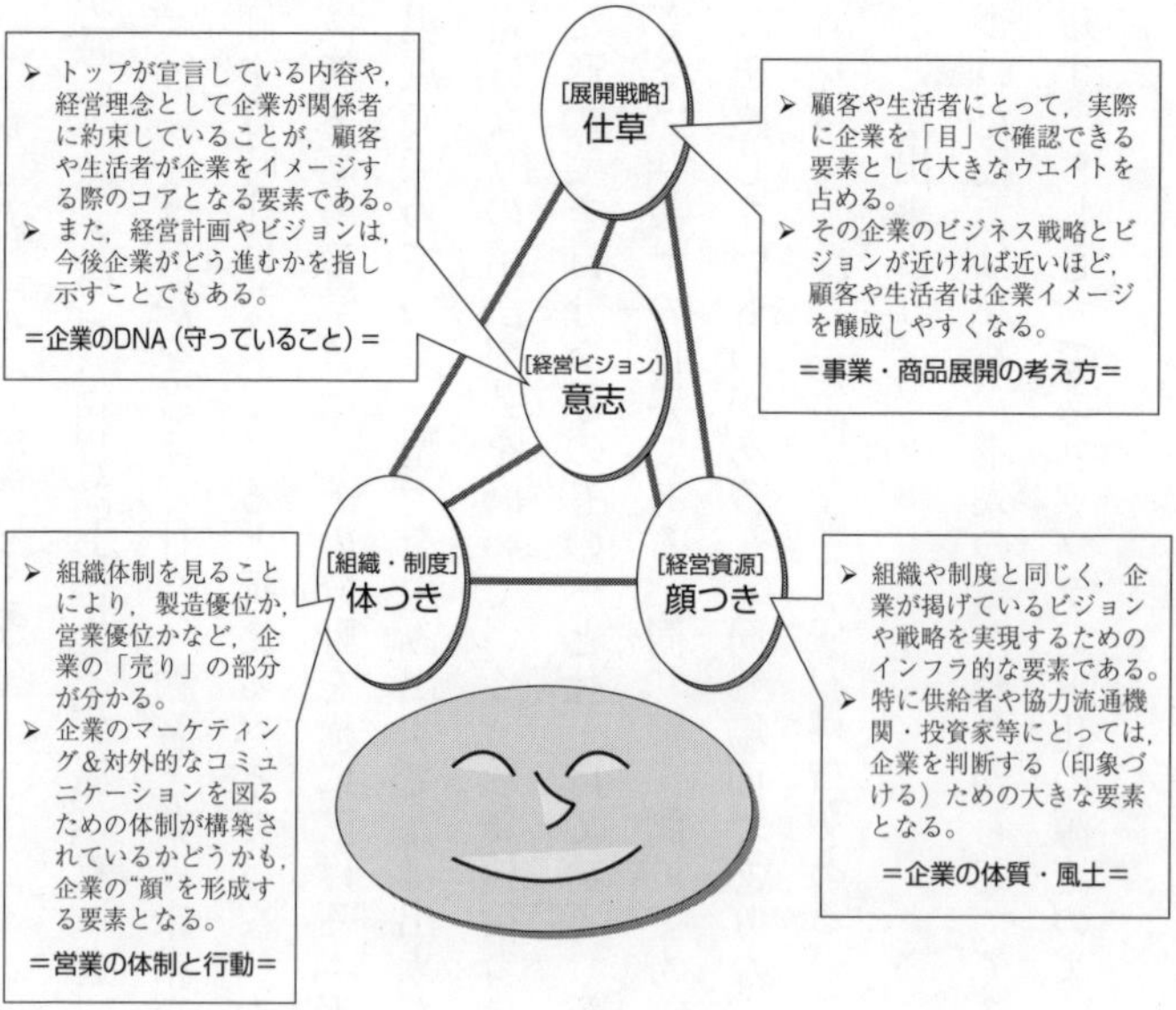

［熟慮の道～6話］

ビジネスには、「損得」以外の判断尺度もある。

情報社会の申し子のように、私のオフィスには一日に何回もの営業電話がかかってくる。「コピー機を入れ替えないか」「新しい投機用のマンションがあるので購入しないか」「株を買わないか」「穀物の相場に投資しないか」「プロバイダーを変更しないか」「オフィスを替えないか」・・・。

多いときには、一日に5件～10件、時には私の個人名を指定して電話がある場合もある。止む無く電話を取る。例によって例の通りの営業トーク。しかも、煽るような話し振り。何をそれ程急ぐのか。相手に考える暇を与えない術なのか。

私の答えはいつも同じ。「現在考えていない」「特段の不便も感じていない」「そのようなことに興味は無い」といった類である。相手もある程度予想していた答えなのか、私にとって予想通りの答えが返ってくる。「今、取り掛からないと〝損〟ですよ」「こんなにお〝得〟な話に興味が無いとはもったいない」「今まで使用のものでは〝損〟しますよ」・・・等々。どのコメントも「損か得か」を盛んに投げかけてくる。「損か得かということ自体に興味が無い」と答えれば、「会社を経営している人が、それはオカシイ」と言われてしまう。

自分の考えや信念は、不思議なことなのだろうか。私にとってみれば、ごく当たり前のことなのだが。

いつの頃からか、世情「損か得か」「勝ち組か負け組か」の二者択一的な志向性が強くなってしまったように感じる。どちらともいえない評価もあるはず。また、金銭的な多寡によって判断しない分野もある。

私のマーケティング・マインドは、「損得」ではなく「善悪」をもってしている。ある場面では良いのだが、違う場面では似つかわしくないといったこともある。

ビジネスの世界にあって二者択一の判断をする場合も、「損得」だけではない判断基準を持っていたい。

マーケティングは次代の価値を生み出す基本思想である。

導入期において（1960年代），「マーケティング」は「販売」の代用（拡張）語として理解されていた。

その時代の感覚のままで現在もマーケティングが解釈され，売るための手段を創造するものと位置付けられているケースもある。

しかし，時代と共にその位置付けは変化し，現在は経営の根幹の概念として捉えられ，経済的な価値にのみ寄った思想ではなくなってきている。

	'60年代	'70年代	'80年代	'90年代～21世紀
基本ニーズ	高度成長（所有ニーズ）	安定成長（使用ニーズ）	成熟化（アイデンティティ・ニーズ）	新しい価値への挑戦（創造ニーズ）
生活テーマ	同一化（Having）	差別化（Doing）	個別化（Being）	共創（Co-Growing）
	人並みの生活	人と違う生活	自分らしい生活	多彩な生活
	十人一色	十　人　十　色		十人百色
消費テーマ	米国中流家庭モデルの追求	ライフスタイルの追求	高　度　消　費	クオリティ消費
	機能性	ライフスタイル	感性（形態・デザイン）	文化性（生活文化価値）
企業テーマ	マス市場	セ　グ　メ　ン　ト　市　場		コンセプト市場
	大量生産・大量販売	多品種少量（戦略的企業）		共同成長（多価値化企業）
マーケティング・テーマ	マス・マーケティング（定量的マーケティング）	ライフスタイル・マーケティング（定性的マーケティング）	感性マーケティング（個別マーケティング）	価値共有マーケティング（価値創出・提案マーケティング）

［熟慮の道～7話］

「平易」に語ることが、
教養に裏打ちされた
説明力である。

漢字を読めない子どもが増えているというニュースを聞いた。一つの例として、「挙手」という字も「きょしゅ」と読めない。読めないのだから、その意味もわからない。であるならばと、その読み方を徹底して伝えればよいものを、そうはせずに「手を上げる」と表現して皆に伝えようとしたとか。確かに、クラスの中での決め事を「挙手によって賛否を問う」というよりも「手の多く上がった方を採用する」といった方が平易な説明の感じはする。でもそれで良いのか、との疑問が浮かんでくる。

熟語で語った方が、無駄な説明を要さずに早く意図を伝達することが出来るケースも多い。更には、漢字の音訓を理解することが促進される機会になる筈である。そのようなことをせず、ただ、意味することを結果中心で伝えようとすることに疑問を感じてしまう。熟語自体を学習して、その言葉の成り立ちの原点もあわせて学ぼうとすることもしないままである。平易に語って説明しているつもりが、いつの間にか「低位」な情報を提供していることになってしまうのではないか。

日本語の乱れが言われるが、乱れていると見るよりも「動いている」と見るべきだと考えている。ただ、その大きなうねりが、本来の意味を曲解したり、簡便な説明で終わってしまったのでは、考えることを放棄した社会になってしまう。

マーケティングでは、送り手の想いを多くの未知なレベルにある受け手に発信し、相互理解を促進しようとする。

ある商品やサービスに対して未知な状況にある受け手はいるが、決して「無知」ではない。学習体験を生み出すためにも、難解なものを平易に語る必要はあるが、自らが学ぶ姿勢を持たなければ、「低位」な情報発信をしてしまう恐れがあるように感じてしまう。

「話題」の投げかけよりも「話材」豊富に語ること。

ビジネスにおいて，相手との距離を近づけるためのコミュニケーションは欠かせない。コミュニケーションは，語り合う主題があって始まる。「話題」の提示である。

そのテーマに沿った，説明や伝える力が必要になる。相手に合わせた「話材：話を展開する材料」の豊富さである。

そのためにも，①「語源」から意味の広がりを知る。②時代の「共通価値観」を知る。③「メタファ：例え話／比喩」で置き換えを考える。④街・店での「現場体験」を広げる。⑤自分の「得意領域」の知を深める。といった点に留意しておくと良い。

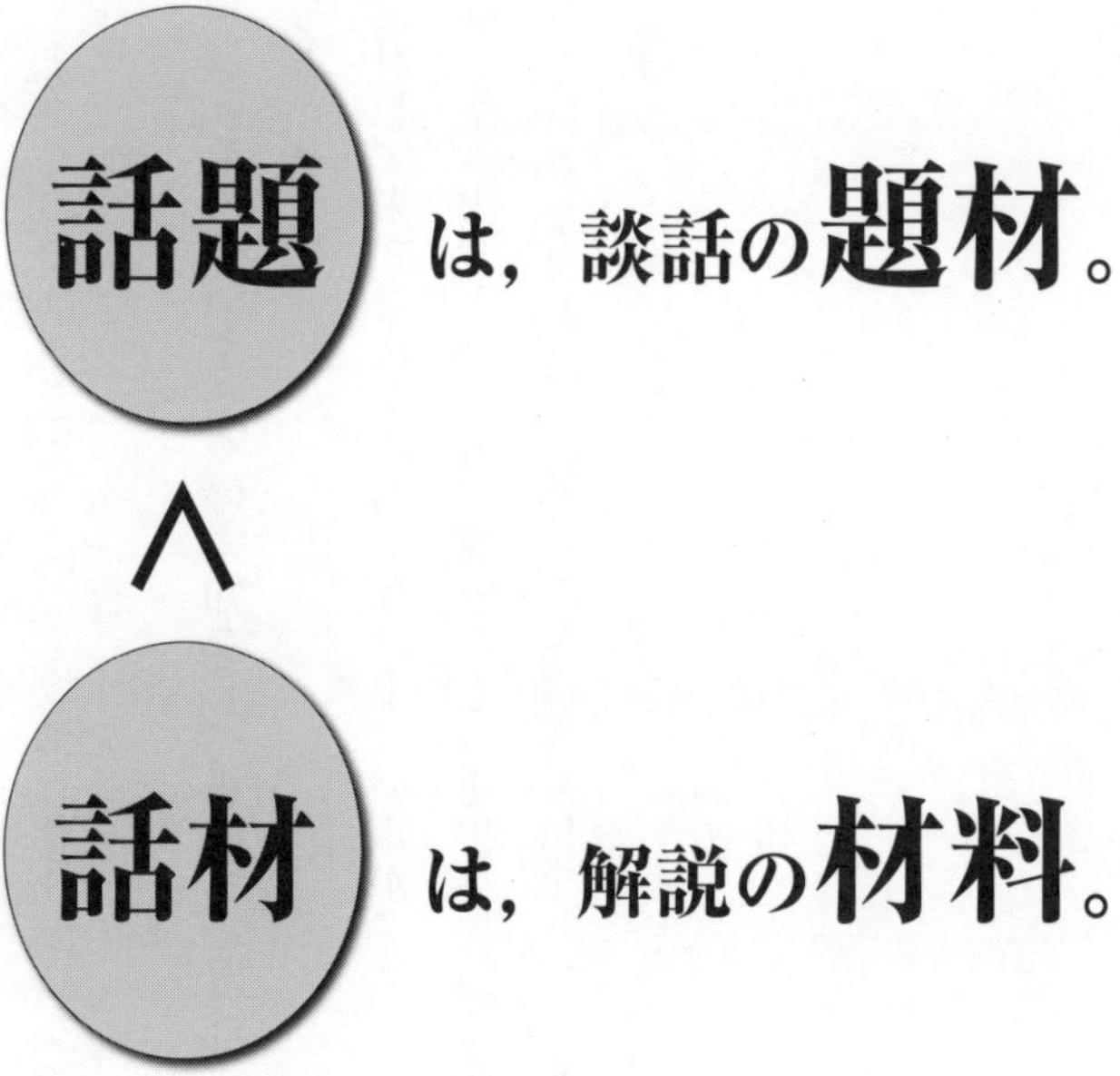

［熟慮の道〜8話］

「あきんど」の原義は「秋人」。
原義を知ると、
本質が見える。

「『あきない』は飽きずに一つのことをやり続けること」とは、よく言われることである。商人、商いと「商」の文字をもってして、交換行為の代表に当てている。商品と製品の違いも、交換対象物としての商品と、生産対象物としての製品と理解されることがある。

ところで「商」とは何か。

実は国の名前である。かつて中国に、生産力も軍事力も持たない小国があったという。その国の人々は、自らの生存の術を考え生み出した。それは、ある財を求めている人々に対して、その財を提供して（生産して）いる人々や国から取り入れて届ける、いわば仕入－販売の仕組みをつくり出し、国力を高めたという。その国の名前が「商」である。したがって、そのような行動で生計を立てている人々をして「商の国の人」＝「商人」なる言葉が生まれたという。

とすれば、「あきんど」とは何をもって言うのか、が疑問として残る。

実は「あきんど」は「秋人」を源としていると言われる。かつて、日本における財（モノ）の産出拠点は、海にあり山にあった。まさに海の幸、山の幸である。それらの財は交換されて始めて、経済的な豊かさと共に不足を充足させることになる。そのためには交換が必要である。交換の場が平地に出来上がっていった。それが「市」である。海の幸、山の幸を「市」に運び込み、交換することを生業とする集団が誕生してもおかしくはない。まさに仕入－販売を生活の糧にする者たちである。「幸」は「実ったモノ」を意味する。実りは収穫の「秋」である。実りを持ってくる人こそが、「秋の人＝秋人」となる。ということは「あきない」とは、実りを持ち運ぶことが基本命題ということになる。

マーケティング・スタッフもまた、実りを実現することを使命として持っていると解釈できよう。自らが生み出している「実り」は何だろうか。飽きずに考えてみたいものである。

「経営」の原義をたどれば，PDCAサイクルと同義である。

言葉は時代と共に，その解釈は多様な広がりを見せるものである。ただ，本来的な意味（原義）を知っていれば，常に今の時代に置き換えて解釈することが出来，思考自体のブレが起きることはない。

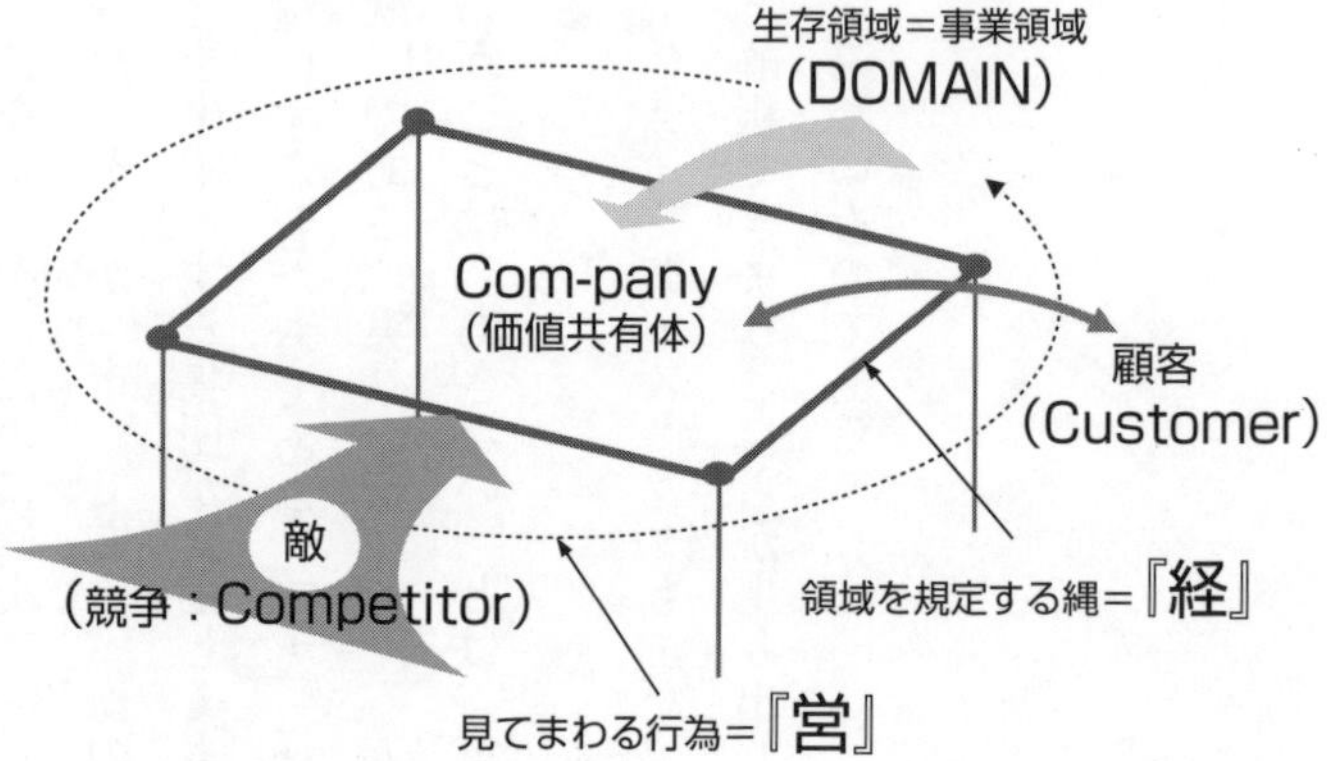

「経」とは，糸で編んだ縄を意味している。その縄を使って自分たちが生きていく領域を決めていく。**肥沃な土地を求めて自らの生存領域を探す**行為である。DOMAIN（ドメイン：生存領域）規定が企業活動で問われるのは，まさに経営における「経」の役割を指摘していることにある。

活動すべき領域を決めたならば，当然そこで生存のための生産活動が始まる。交換対象物にもなる価値創造の活動である。そのための装置（道具）が必要になる。労働力も必要である。価値創造のための活動が順調に行われているかをチェックしなければならない。また，豊かな価値を生み出す場であれば，その領域を狙って敵（競争者）が自らが規定した領域の縄張り（経）を破って攻め込んでくる恐れもある。状況は変化するものである。**変化を知るためにも，「経」の周りを常に見て回る**必要があろう。この「見て回る行為」が「営」にあたる。

④離見の道

　グローバルな市場展開が求められる今，新しい市場の発見・開発は容易なことではない。また，学問としての経営学は市場開発のための正解を教えてくれるものではなく，一人ひとりが自分の経験と知識を駆使して考え，生み出すための指標を提示しているものである。

　現在の自分自身の行動を，理論的なフレームに沿って，日常から離れて素直に見直すことである。

［離見の道〜1話］

どう「こなすか」ではなく、
どう「取り組むか」の
「のう力」が問われる。

一般的に「のう力」と言えば「能力」の文字が浮かぶ。これは、何かを能率的に「こなす」ための力を言う。対応の方法を理解して実践するスキル（技能・技術）の向上がものを言う。しかし、悩みは単純に解決されるものではなく、個人の想いの深さや広がりによって解決の糸口を考える「取り組む」力が必要になる。そのような力は、ある現象をこなす「能力」ではなく、個人が自らの道を拓くやり方を考える「脳力」と捉えることができる。

また、ビジネスの世界では、人間関係に悩むこともある。実は悩んで考えるのも「悩力（のうりょく）」である。

ある現象や事象を見て、何故そのようなことが起きるのか、あり得るのかを深く考えることも、ある分野を深掘りする「濃力（のうりょく）」のひとつ。

自分の体験と照らしながら、過去の同様のものを思い起こし、パターンとして認識することもある。今まで遭遇したことのない現象や事態を前にして、途方にくれていても、何とかなるのではないかと思い、考えを巡らせる。そしてある時ひらめく。自分自身は体験していないことであったとしても、解決の筋道が思い浮かぶ瞬間である。その背景には何が力として働いているのかを自分自身が承知していなくても、えもいえぬ力が湧き出てくることがある。決して文献から得た頭の中に蓄積された知識だけではない力が働いているようである。技術的な方法を知るスキルではなく、個人の考える感度を高めることに繋がる。

何をどのように考えるべきかに対するスキルアップに関しては、さまざまなモデルや方法論が紹介されている。ある程度、習うこともできる。ビジネスでは、それだけに限らず、現象や事象に接したときに何かを感じる力や新たなものを生み出すことを想う力が必要である。個人が気づく感度アップであり、自らのセンスアップと見ることが出来る。

4つの「のう力」アップは，ビジネス・センスアップに繋がる。

ビジネス体験を積み重ねていくと，顧客との関係も徐々に深まり，業界の知識を身に付け，次代を創るべき立場（管理職）になってくるが，同時にビジネスの曲がり角にさしかかる時でもある。

その大きな問題は，何事につけても「(わかった／知っている) つもり」に陥ることにある。「つもり」を打破するにも多様な「のう力」のアップ＝「ビジネス・センスアップ」が求められる。

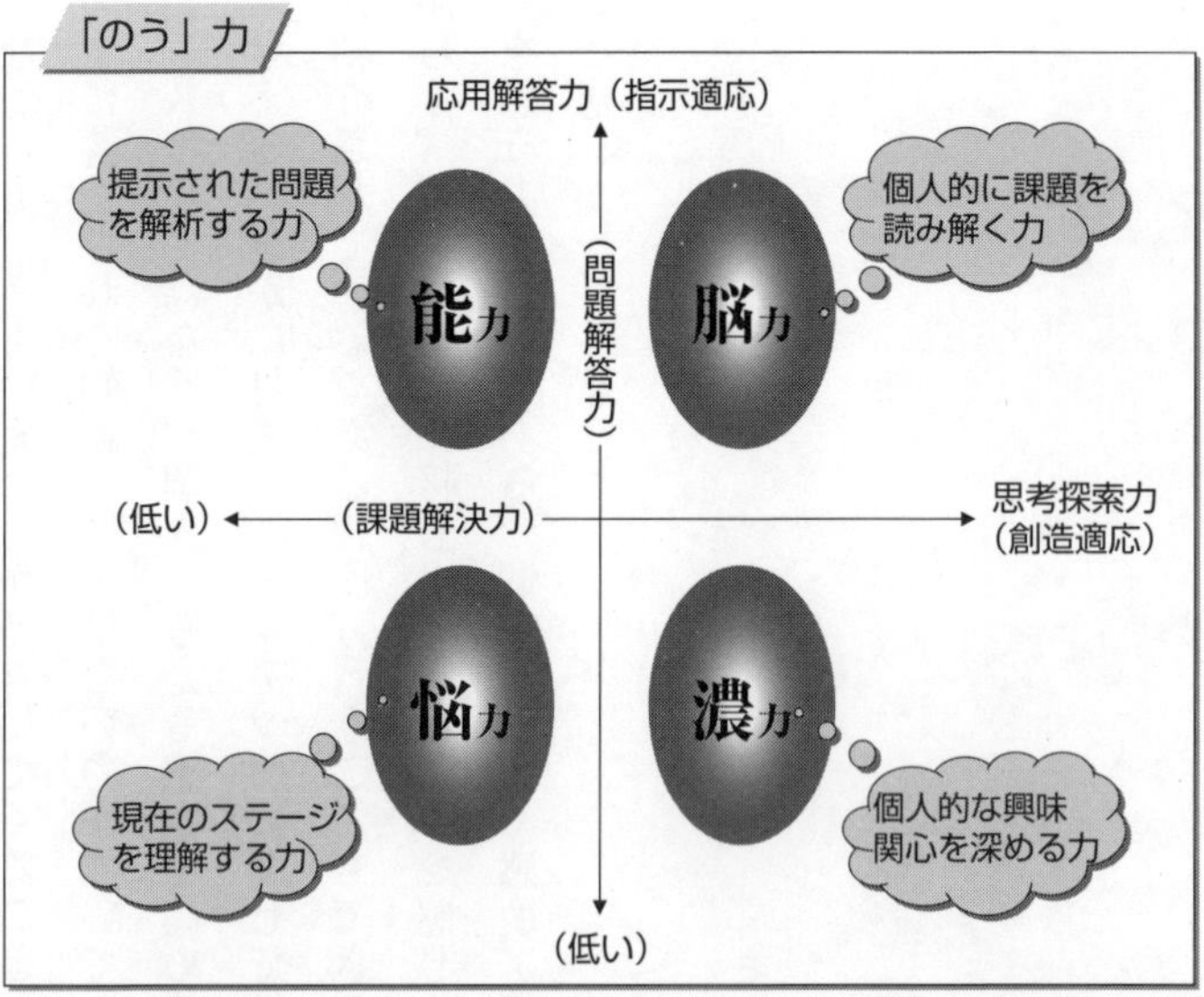

［離見の道〜2話］

問われているのは、4つの「のう力」と〝No！〟力である。

マーケティングが日本に紹介されて既に半世紀以上の時が流れた。最近は、これといって新しく体系化されたマーケティング理論に接することが少なくなっている。先人の残したマーケティング理論を今の時代に置き換えて解釈する動きが多く見られる。それだけに、今世紀のマーケティングを自分の頭で考え、生み出す個人的な脳（能）力への注目度が高い。

ある現象を整理しレポート化する力は、過去のモデルを参考にしてスキルを高めれば対応可能であり、まさに「こなすべき技能的な能力」。見えてくる現象から、未来を仮説していくのに必要になるのは「共感を呼ぶ言語的な能力」。そして、計画を実行に移すべく詳細な行動計画にまで進めるためには、個人が持つ「信頼を得る人間的な能力」。同じ機能（能力）を発揮するにも、ビジネスの広がりや深まりにより求められるものが異なる。

一方ビジネスを進める際に、他人は相手の能力を測りながら関係密度の深まりを計っている。上辺の関与を基本にしてこれを繰り返し、その能力を便利に使おうとする関係もあれば、何事かあれば相談相手としてヒントを得ようとする関係。そして、更に深く恒常的な相談相手として頼る関係。最初のものは作業関係であり、次が業務関係、そして次の深さが人間関係である。

ヨコに広がるビジネスのレベルを強固な関係にするためには、自分自身のこだわりや想いを、ビジネス実行のプロセスにどれだけ込めることが出来るかを問うことである。カタチだけではなく、プロジェクトを進めていく段取りに関する暗黙の知恵、いわば自分自身の業務適応力。それこそが上辺の技能力に流されない根源的な「のう力」と呼ぶものではないか。善いことを善しとし、悪いこと、レベルに達していないものに「Ｎｏ！」と意志表明できる力である。効率を求めて「Ｙｅｓ」を重ねるよりも案外難しいものである。

マーケティング・スタッフには、今まで以上に自らの「のう力」を高め、ケースによって〝Ｎｏ！〟と言える決断力が問われている。

マーケティング・リーダーとは「出る杭」になれる人である。

マネジャーは，昨日定められた通りに正しく事を行い，リーダーは，「明日に向けて正しく事を行う」。

組織全体あるいは組織の部門のリーダーが発揮する機能，果たす役割は，明日に向けて「指導者精神」を発揮することである。

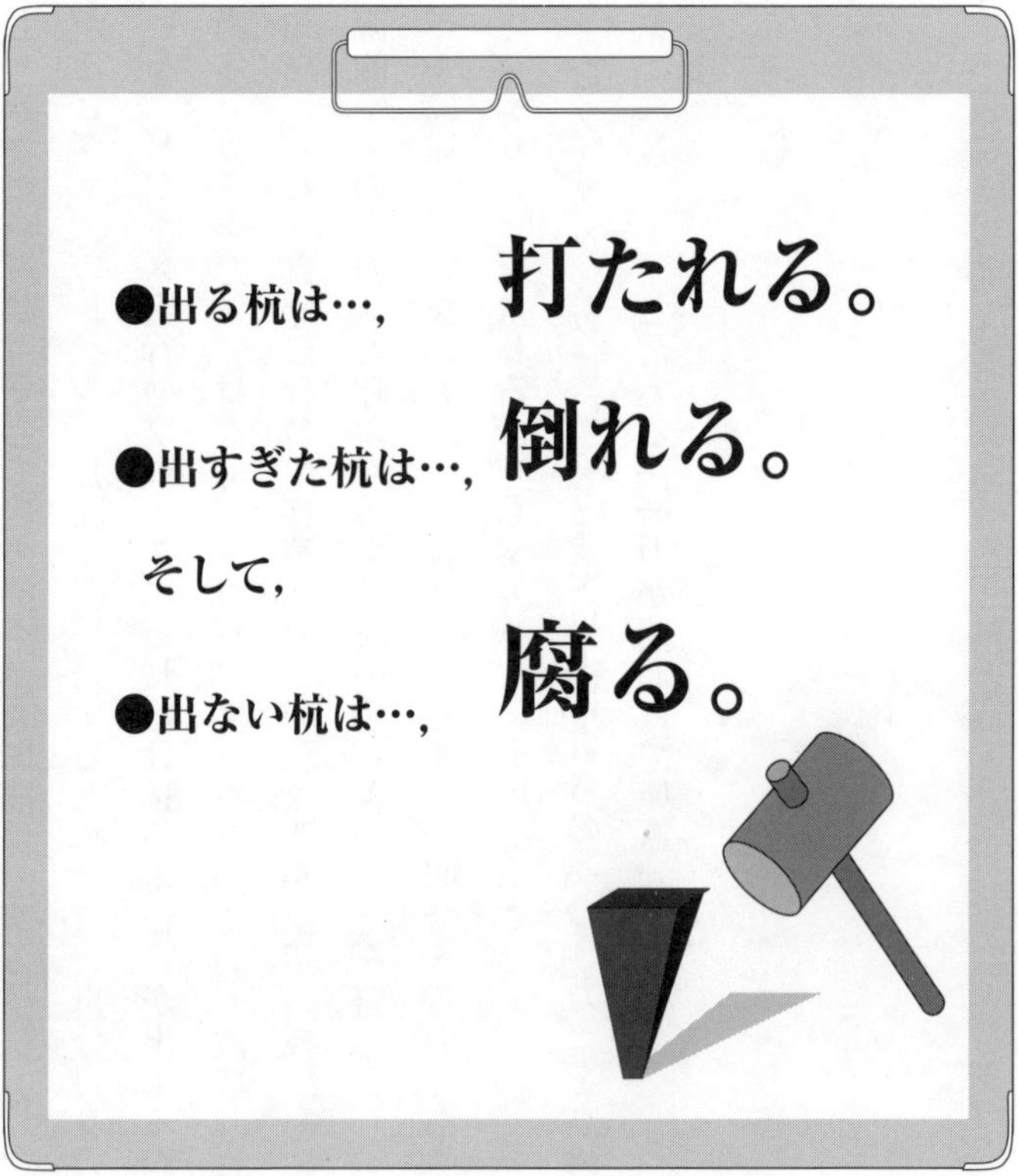

［離見の道～3話］

「当たり前をやり続けること」は、当たり前に難しい。

仕事の出来るビジネスパーソンを評する言葉のひとつに、「当たり前のことを当たり前にやる」という表現がある。確かに、やらなければならないことを、さもなくやる遂げることは何事においても基本であることに違いはない。しかし、それがなかなか出来ずにいる場合の方が多いようだ。

「朝早く起きることは健康に良い。グズグズとしていては、かえって身体によくない。何よりも心にゆとりがなくなってしまう」という当たり前のことが、なかなか出来ない。「使ったものは、元あった場所に戻しておく」。その通り。ましてやオフィスにおける共有の備品類であればなおのことで、自分さえ良ければ他人のことは知らないでは通らない。ところが、そのようなことでも出来ずにいることがある。まるで幼稚園のクラスで聞いたような決まりごとである。

暮らしの基本もそうだが、仕事の進め方にも基本がある。自分の今やっていることとの逐次報告。プロジェクト対応における次ステップの想定と準備。プロジェクト・アウトプットの早期想定とそのための段取り。業務遂行における自分自身の役割認識とその対応・・・。どの一つをとっても創造性が要求されるものである。決められたルールがあるものであれば良いが、そうでないものもある。自分自身が「当たり前」を創っていかなければならないものがある。決めたならば守り続ける。そうすると、いつかそのやり方が周囲の当たり前になっていく。

では、企業の行動における当たり前とは何か。企業は経済行為をする集団だが、その行為は社会に役立つものであることが大前提。社会に対して嘘をついてよいという当たり前はあり得ない。時にマスコミをにぎわす、企業の嘘つき行為の数々。トップが頭を下げる姿を見るにつけ、企業行動の「当たり前」とは何かを、幼稚園時代に戻って考え直した方が良いような気がする。

「製品知識」より「顧客知識」の広がりと深さが問われる。

優れた製品を提供しても、顧客の全ての満足には繋がらない。顧客の要望や，顧客にとって価値あるコトをいかに可能にするかという観点からの提案ができなければ，単なるモノの提供で終わってしまう。

「製品知識」よりも「顧客知識」が必要とされている。提供する製品／サービスが，顧客のビジネス・プロセスにおいてどのような役割／機能を発揮し得るのか，その位置付けを描写できる「顧客シミュレーション力」が求められる時代である。

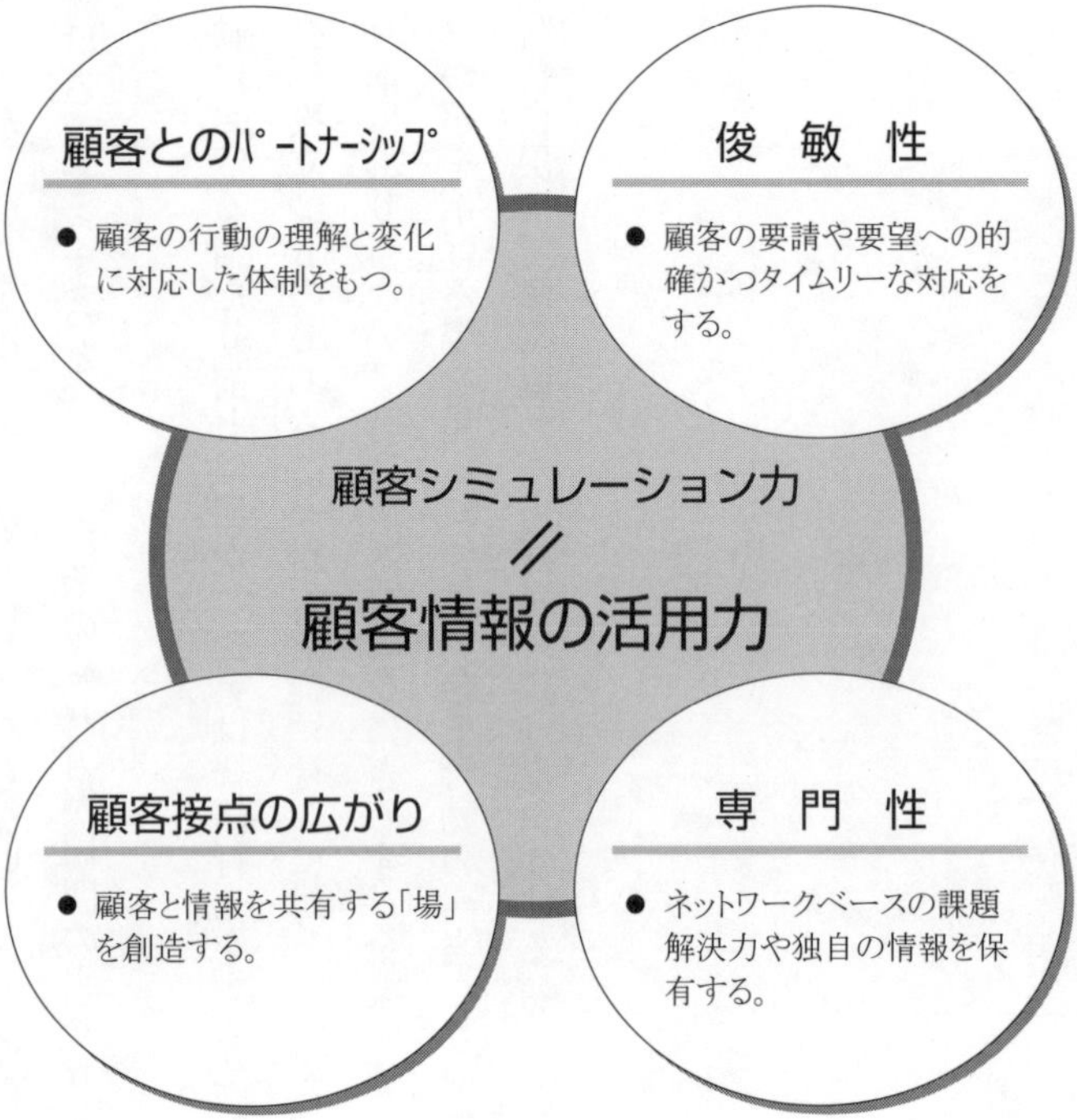
顧客とのﾊﾟｰﾄﾅｰｼｯﾌﾟ
● 顧客の行動の理解と変化に対応した体制をもつ。
俊　敏　性
● 顧客の要請や要望への的確かつタイムリーな対応をする。
顧客シミュレーション力
//
顧客情報の活用力
顧客接点の広がり
● 顧客と情報を共有する「場」を創造する。
専　門　性
● ネットワークベースの課題解決力や独自の情報を保有する。

［離見の道〜4話］

「学歴」とは、
どこで学んだかではなく、
何を学んだかの履歴である。

公人の学歴詐称が問題になることがある。選挙の折など、学歴がどれ程の選択基準に作用するのかはよく判らない。過去来歴も必要だが、それ以上に本人の人となりや、主義主張・信条が判断の基準になるのではないかとも思える。かといって、あやふやなままで善しとしているのではない。本人自身の属性表明に対する責任の所在は明らかにしなければならないであろう。ただ思うことは「学歴」に関すること。

「学歴」とは、「学校」の履歴なのか。むしろ「学問」の履歴ではないか。自分自身が、どのような学校に在籍し卒業したのかということは、むろん本人にとっても、また他者にとっても、その人を判断する幾つかある尺度の一つであることには違いないであろう。しかし、われわれはそのことだけで人を判断したり、仕事においてパートナーになっているわけでもない。学校よりも、その人がどのような意識や態度で「学問」に対応してきたのかに興味・関心がある。

一般的に著名な学校を卒業したからといって、明快な学問の経路を持っていなければ、いつかそれは表層的な記号に対する評価になってしまう。また、

「学問」は何も学校だけで行うものではなく、それ以外の場の方が逆に、学ぶべき機会は多いもの。

どうも最近は、「学問」というと、他者から何かを「習う」ことと思っている風潮があるような気がする。そうではなく、自らが「学ぶ」ことではないか。自分の頭で考えることである。考える道筋を自分自身で発見すること。その基本的な眼差しを得るのに「学校」は大いに役立つが、問題は、何を学ぶのかにある。

「学歴」は「学校」歴ではなく「学問」歴だと考えている。その視点を履き違えてしまうと、おかしげな議論が起きてしまう。

次代に向けて「かえる」志と行動に，学校歴は左右しない。

問題点を指摘し，その改善策を一方的に提示・指導するのは評論家的アプローチ。問題点を，共に頭に汗して見つけ出し，確認し，未来に向けて今なすべき課題を共有するのが，マーケティングスタッフ・ワークである。

今を見るために一般の基本原則を仮説フレームにして，次代に向けて「かえる」ことを考える。過去を踏襲するのではなく，新しい道を拓く。

スタッフは専門の知を持ち，その領域の中で現象・事象を正面から捉え解析する。一人ひとりの知識は体験と共に深まりを見せるようになる。

そこには学校歴は殆ど意味を持たなくなってしまう。

ピンチをチャンスに	変える	粘り強く，あきらめない。
素材・部品を	代える	思考の糸口を多様に持つ。
視点と立場を	換える	受け手は誰かを問い続ける。
組み合わせを	替える	優先順位を入れ替える。
手順・方法を	改える	仕事の段取りに変化を付ける。
初心に	返る	仕組みや制度は常に見直す。
最初に	還る	やり方を最初の段階に戻す。
すべて原点に	帰る	そして，自分自身を見直す。

［離見の道～5話］

「科学」と「技術」の結びつきが、新しい時代を切り拓く。

「科学技術の進化が、私たちの暮らしを豊かにしてきた」とは、良く聞く言葉である。確かに、幼かった頃の自分の生活空間と現在を比較すれば、その違いは眼を見張るものがある。子どもの頃に本を通じて見ていたハイウエイ。アメリカのTVドラマで見た大型冷蔵庫。映画で見た小型の電話（携帯電話）や位置確認のシステム（GPS）は、誰も「007ジェームス・ボンド」にならなくとも、普段の暮らしで使用することが出来るようになった。飽くなき探究心の賜物と、その研究開発努力には頭が下がる思いがある。

しかし、技術力を駆使して利便性を追求するあまり、結果として同質的な商品が氾濫し、却って消費行動を惑わすようなこともある。企業は何のために、誰のために存在するのかの問いに対して、社会発展のために、顧客のために・・・と言いつつも、無益な競争環境を自ら生み出してしまい、顧客の学習過程とマッチしない開発の速度を競う場面もみられることがあった。

企業は競争環境の中で自らの技を磨くという宿命を背負っている。ただ時として、自らの技を商品化する技術優先で捉えすぎてしまうことが見られないだろうか。技術は作り出すものだが、その前に現象や社会変化を読み解く科学が必要である。科学と技術の一体化こそが、企業に求められるマーケティング行動である。

科学的に見れば、人にとって画像は「記憶」の再現。これを技術的に見れば、画像は「記録」の保存ということになる。最近の競争は、科学と技術の一面にのみ偏っているように見えてしまう。

そこで必要になるのは、企業自らが「自分のコアとなる強みは何か」をカタチに現す技術の面だけではなく、意志の面での再確認である。相手を知り、状況を読み解く。そこには科学的な検証が必要である。社会のために、顧客のために・・・と堂々と発信できるのは、「科学」に裏打ちされた「技術」の力があってこそできることである。

マーケティング思想と技術の融合が市場を創造する。

「顧客基点（起点）」「顧客主導」と，顧客を中核にした市場創造が問われている。

注意すべきは，顧客を主題にした思考であるマーケティングの考えを背景にして，具体的なカタチとして提示する技術が融合した時にはじめて，今までにない気づきを顧客に与える可能性が広がり，新市場の誕生につながるという思考を忘れないことである。

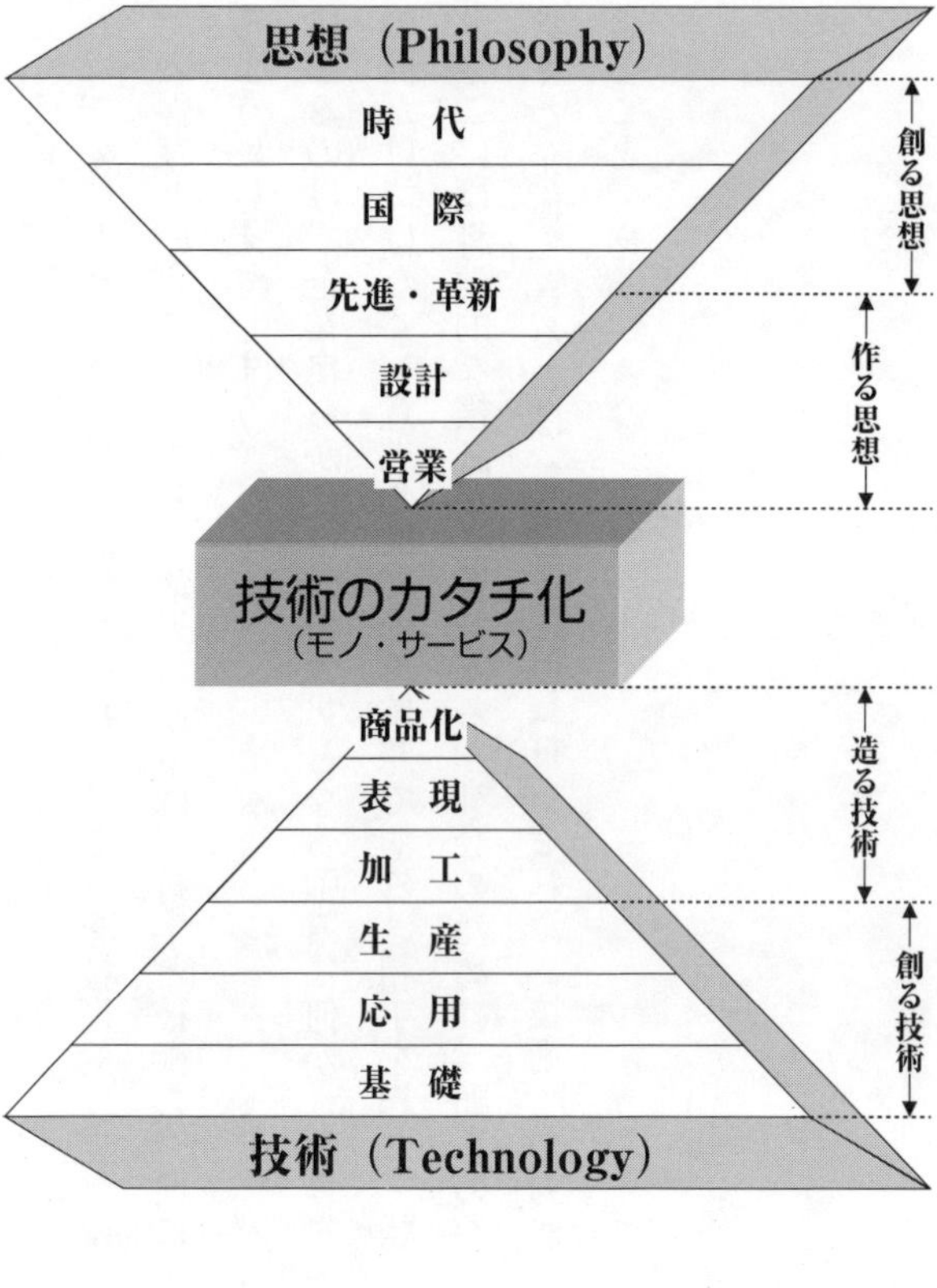

［離見の道〜6話］

マーケティングの進化は、「道理」を求め「心理」を伺い「脳裡」を読む。

養老孟司先生の「唯脳論」(1989年　青土社)に端を発したのか、その後も脳科学の議論や出版が盛んである。人間の本源的な行動を決めていく脳の指令。とすれば、その内実を承知していけば、無駄なマーケティング・コストをかけずに済む。しかしこれがなかなか思うようにはならない。相手は一筋縄では動かない人間である。

マーケティングが注目されるようになってより、一貫して主題のひとつになっているのが、情報・広告・商品・サービスに対する顧客の反応であり、そこで起こす行動である。商品購入に至るのか至らないのか。「AIDMA」はじめ多くの消費者行動を説明する議論が戦わされた。今もあるが、初期のマーケティングの基幹テーマのひとつに「消費者行動」の究明があった。ある刺激に対して、決まった反応をするのかどうか。行動体系の「道理」を導こうとした議論である。

しかし、消費行動は表面に出たことだけですべてを語れるものではない。当然、その内奥にある心理的な変化を見極めておく必要がある。社会心理・発達心理・生活心理・購買心理・・・。心の中を覗くことで、インプットされている情報の処理過程や行動転換のきっかけを読む努力が続いている。知覚の変容を促進するものとしての広告の効果も語られる。心の琴線をいかに揺さぶるのか、その奥深い「心理」を学問的にもビジネスとしても捉えることは、マーケティング・テーマのひとつである。

更には、心を動かす「脳」がテーマである。人はさまざまな経験を思い出のデータベースに刷り込んでいる。人に話すことのない、奥深いところにしまいこんでいるものもある。そのような思い出を呼び覚まし、神経系を刺激して、ある行動に展開する。まさに脳は人間行動の司令塔である。そこでマーケティングは、個々人の「脳裡」にまでアプローチするようになってきた。

行動の「道理」を探り、心のひだの「心理」を伺い、感覚を統合する「脳裡」を解読する。マーケティングの奥深さを知る時である。

マーケティングは次代を描く思考のガイド役である。

マーケティング・テーマは，時代変化と共に，経営効率・効果を高める思考のガイド役として進化し続けている。その時々で注目されたテーマの足跡に，その時代のビジネス環境を見ることが出来る。

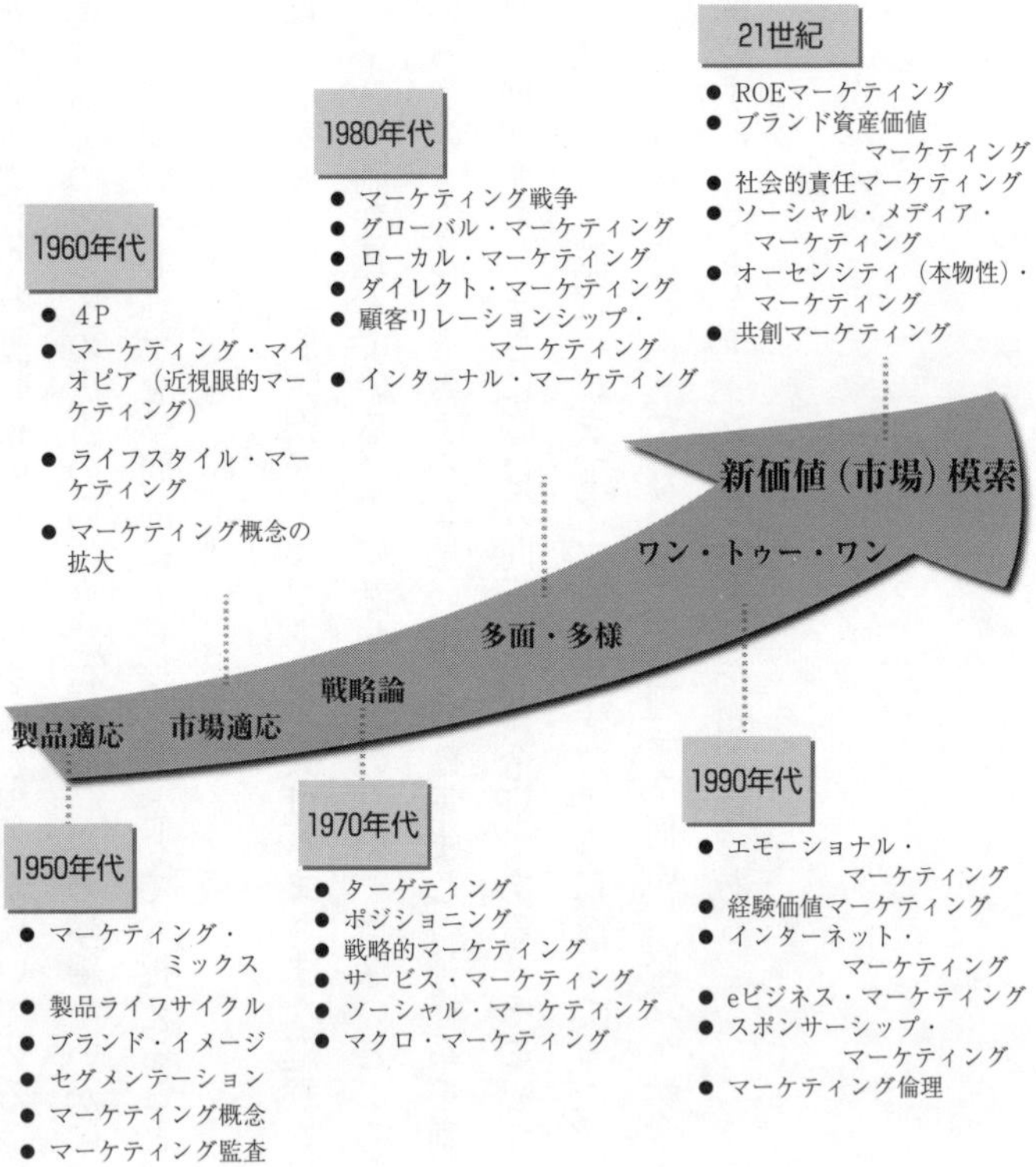
21世紀
● ROEマーケティング
● ブランド資産価値マーケティング
● 社会的責任マーケティング
● ソーシャル・メディア・マーケティング
● オーセンシティ（本物性）・マーケティング
● 共創マーケティング
1980年代
● マーケティング戦争
● グローバル・マーケティング
● ローカル・マーケティング
● ダイレクト・マーケティング
● 顧客リレーションシップ・マーケティング
● インターナル・マーケティング
1960年代
● 4P
● マーケティング・マイオピア（近視眼的マーケティング）
● ライフスタイル・マーケティング
● マーケティング概念の拡大
新価値（市場）模索
ワン・トゥー・ワン
多面・多様
戦略論
製品適応
市場適応
1950年代
● マーケティング・ミックス
● 製品ライフサイクル
● ブランド・イメージ
● セグメンテーション
● マーケティング概念
● マーケティング監査
1970年代
● ターゲティング
● ポジショニング
● 戦略的マーケティング
● サービス・マーケティング
● ソーシャル・マーケティング
● マクロ・マーケティング
1990年代
● エモーショナル・マーケティング
● 経験価値マーケティング
● インターネット・マーケティング
● eビジネス・マーケティング
● スポンサーシップ・マーケティング
● マーケティング倫理

［離見の道～7話］

先人の教えと
体験・失敗ファイルの積み重ねが、
自らをデザインする。

よく「自分探し」という言葉を耳にするが、「自分」は探して見つかるものではなく自分でつくるしかないと考えている。自分を形づくるときに真似できるモノが無いと不安になってしまうことがあるが、そのような時に少しアドバイスをしてくれる存在があると有難いもの。そう考えると、先人・先達も人をカタチづくるデザイナーだと言えよう。

なぜ今また、新渡戸稲造の「武士道」や孔子・孟子、吉田松陰などの言葉が求められ蘇ってきているのか。人は何かをデザインしようとするときに「これでいいのか」という確認、ヒントが欲しいからではないだろうか。孔子や孟子もデザイナーである。彼ら自身もまた、先人から聞いて自分なりに思索・思考して、彼らなりの人生をデザインして後世に伝えているのではないかと思う。

ある程度自分を形づくる土台ができてくると、判断の速さが上がってくる。体験を積み重ねて自分自身をデザインしてきたからこそ、過去のファイルからの引き出しが増えるためである。

そのキャビネットの中に色々な体験、経験、失敗というファイルを積み込んでおけば、「こういう時はこうしよう」という応用ができるようになる。

結果が見えるわけではないものの、過去のプロセスから「ここは間違えそうだな」ということへの察知能力が高くなる。それは動物に本来的に備わっている学習効果と似たようなものだが、犬やサルは一度学習すると間違わないのに対して、人間は何度も同じ間違いをしてしまう。ただし、それこそが人間らしさでもある。繰り返し同じ行動をとるだけではなく、同じような失敗の中から何か新しいことを見出すことが人間の持つ強みであり、その人の人生をデザインするヒントではないかと思う。

仕事のキャリアでも同じことが言えそうだ。入社して一年程度ではジョブマッチングなどできないであろう。

様々な体験をさせることは、昭和の時代にあったジェネラル・スタッフ育成型のモデルと言えるかもしれない。一つの狭い領域をスペシャリストとして育てることも大切だが、一本足では何かあった時に倒れてしまう。それならば、キャリア育成という目的においては、様々な経験をさせて複数の足で立たせ、ひさしを広げさせてあげるべきではないかと思う。

人には与えられた3つの「命」がある。

従前より，人には3つの命があると言われている。それぞれの命を心にとどめて，今自分は何をすべきかを考えていくと，自分を探すのではなく，自分をつくる道が見えてくるのではないか。

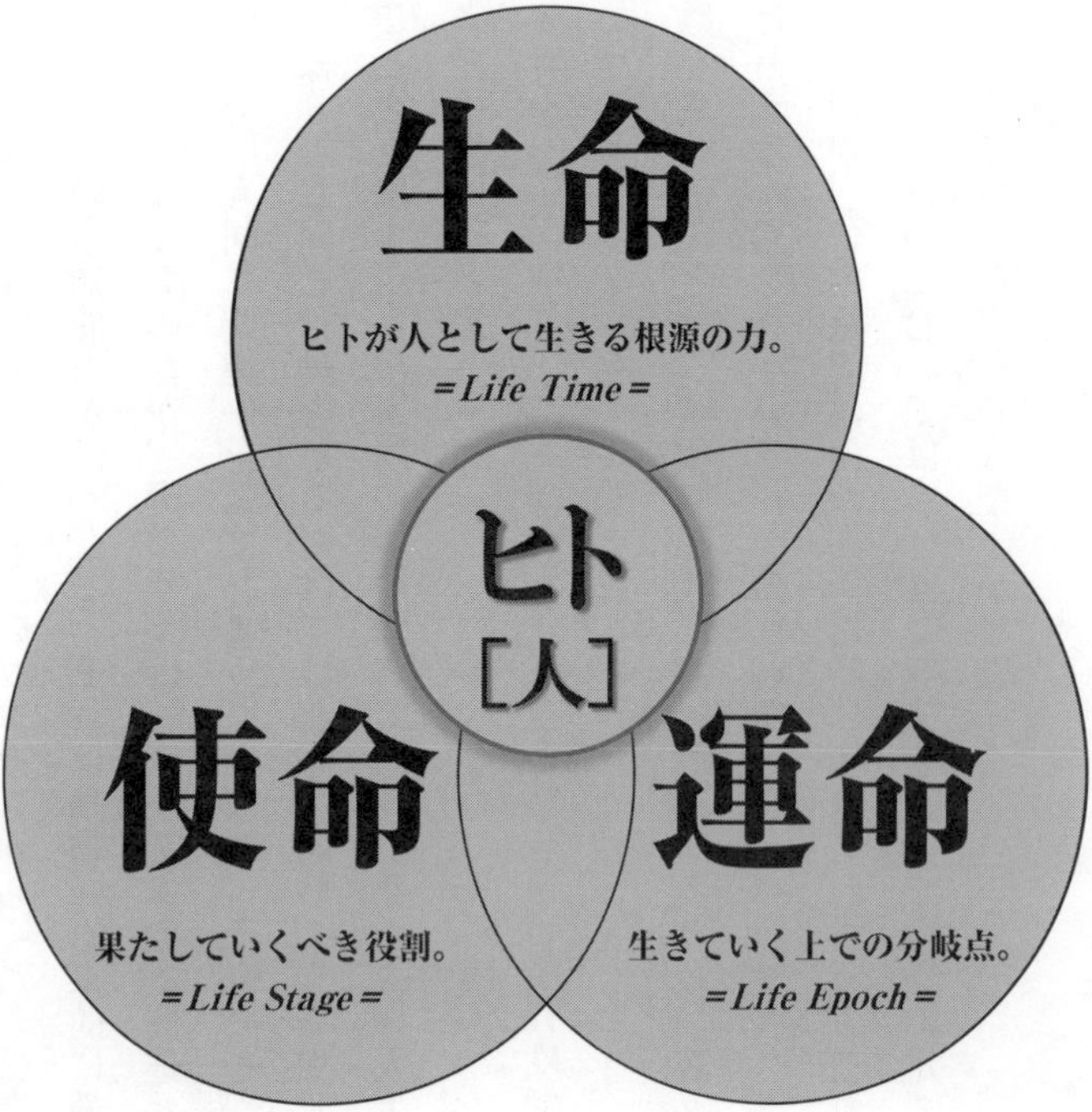
生命
ヒトが人として生きる根源の力。
=Life Time=
ヒト
[人]
使命
果たしていくべき役割。
=Life Stage=
運命
生きていく上での分岐点。
=Life Epoch=

［離見の道〜8話］

マーケティング・スタッフの「問題意識」とは何か。自問してみる。

企業トップの講話を聞いていると、よく耳にする言葉に「危機意識・当事者意識・問題意識」の「意識」三大話がある。

確かに、環境変化への適応の道筋を模索し経営の舵取り役の大任を負う企業トップとしては、笛吹けど踊らずの状況を避けたいところである。

そのためにも、全社員が「このままではいけない。何とかしなければ・・・」の「危機感」を持っていなければ革新への動きも鈍くなろうというものである。

しかも、企業に評論家は不要である。何か新しい動きを始めようとすると、すぐに「そうは言っても・・・」「過去の実績から言えば・・・如何なものか・・・」と、したり顔でネガティブ論を展開する輩。自らが推力となって実行してはじめて成果を見る「当事者」の想いを持たなければ、何も始まらない。

ところで今ひとつの「問題意識」である。

そもそも問題意識とは何か。マイナス現象が起きたことを見続けることか？それでは、ネガティブ・チェックをすることになり、未来に向けた解決策が生まれてこない。そうではない。

「問題意識」は、誤解がないように英語で言った方が良いのではないか。

“Full-time Thinking”である。常に考え続ける「常時思考」と言い換えることが出来る。当事者意識の中に自らの課題を持ち続けることである。

NHKの番組にかつて「プロジェクトX」というコンテンツがあった（現在は、その後継として「プロフェッショナル 仕事の流儀」）。その基本コンセプトは「思いは叶う」と言う。ある課題に問題意識を持ち続けていれば、当事者として答えは生まれることを伝えていた。

マーケティング・スタッフが持つべき「問題意識」とは、「一つことへの想いの継続力」と理解できよう。

［離見の道～８話］

現状を「思う」のではなく，未来を「想い」続ける。

私の個人的な体験もベースにしてみると，新事業開発担当のマーケティング・スタッフには共通点がみられる。

それは，常に未来を想い続ける意志の強さである。

Point 1 ***現状のビジネスモデルに対し，疑問を持ち続ける。***

Point 2 ***自らの力を自認し，当事者意識が強い。***

Point 3 ***四半期・半期といった見方ではなく，数年で考える。***

Point 4 ***思いついたアイデアを，関係者に聞いて回る。***

Point 5 ***顧客接点（現場）を検証し，売り方を現場で考える。***

Point 6 ***企業に内在する資源を徹底して洗い直し活用する。***

Point 7 ***何しろ粘り強い。あきらめない。自分を信じている。***

⑤先駆の道

SNSの発達や新たな通信メディアの進展は，21世紀型ビジネスに今まで以上の「速さ」を求めている。「デキルこと」をすぐにやる。つまり，「即断・即決・即変更で，即実施」が求められている。

アイデアを思いついても，「そのうちに」といって実施しなければ，何の価値もない。

仕事の環境や状況は常に動いている。その時々に対応・対処する「実践力」がなければ効果は期待できない。新市場の発見と創造には，市場の変化をキャッチアップするマーケティング力の実践が今まで以上に必要な時である。

［先駆の道〜1話］

「知識」は未来を創らない。
自らが起動する「意識」が、
未来を描き・拓く。

理屈だけでは解決できないことが多く登場してくるのが、ビジネスの現場。このような施策を展開すれば、顧客は間違いなく動いてくれるはずだと思うのだが、その通りの結果が生まれてこない。予期せぬことだらけである。益々不安になる。そのような時、過去に学んだことの、何とも脆弱なことかを思い知らされる。表層的な「知っている事実」よりも、心底思い込んだ「まだ見ぬ未来」を実現しようとする意識が、どれ程の力になるかを知るときである。

旧来よりビジネスには創造的な行動が必要と言われてきた。変化への適応のためには、変化自体に敏感でなければならない。ぼんやりと流れ去る時の中に身を置いていたのでは、単に車窓から眺める景色の移り変わりを見ているようなもの。

そのスタートは、変化そのものに対応して動こうとする意識である。何かを見て、自らの動きに変える力のこと。ある対象物を見るだけでは、気づくことにはならない。今までとどこか違う、自分の過去の経験だけでは判断できない、書物を通じて知ったことと何かが違う・・・、と先ずは思う。そこからどうするのか。何故かと考え込むこともある。何より大切なことは、気にして動こうと意識することである。

オフィスの近くに新しい店がオープンした。食のグランプリをとった著名な店だ。確か、新聞・雑誌でも紹介されていた（知識）はず。早速、今日の昼に行ってみよう（起動）。簡単なことだ。

知識を持って起動する意識が、ビジネスに新しい風を吹かせるものである。

積み重ねた知を活かして，3つの視点のバランスを磨く。

マーケティング・スタッフに求められているのは，①過去の事実をベースに体系化された「理論」を知り，体系的なデータを積み重ねること。②ビジネス現場で起きている事実に関与しながら，自らのビジネス感度を高めること。それに加えて，③未来に向けて夢想した世界を描くこと。3つの視点のバランス感覚をもつことである。創造的な発想は，さながら絵を描く「アート」の感度向上でもある。

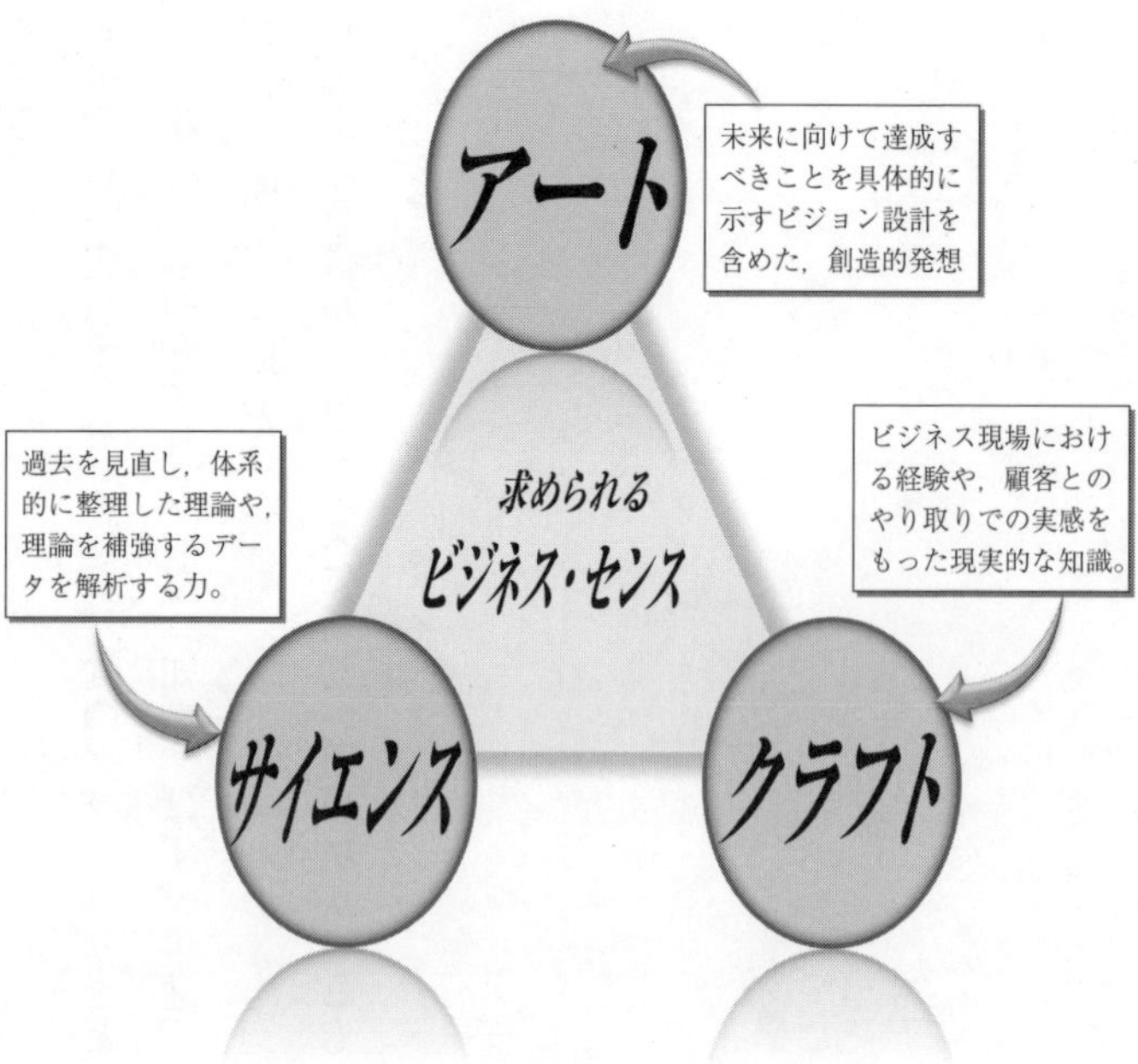

［先駆の道〜2話］

次代を想い、描き、日々考え続けることが「長期計画」である。

企業は常に未来に向けて、何かを企て事業を展開している。過去の事実を語ることは出来ても、未来を詳細に語ることは出来ない。あくまでも予測をするしかない。起きるであろうことを想定し、将来の自らの存在を夢想する。目指すべき先の姿と現在の姿の間にあるギャップを埋めるための方策を練る。さらに、最終ゴールに一気に至るのではなく、順を追って小刻みに実行の手筈を組み立てていく。書き込まれた計画書を見て、さも全てが達成されたような気分に陥ることもある。長期計画書の完成である。

ところで「長期」とは、どれほど先のことを言うのであろうか。かつては10年計画などの言葉も聞かれたが、最近では、それ程先のことまでを語る場面には遭遇しなくなった。せいぜい3年をもって長期と言うケースが多いようだ。また、IYグループ前CEOの鈴木敏文氏によれば、明日という日に向けて打ち手を考えることが長期であるとの指摘もある。

明日のことは、誰も知る由もない夢想の世界である。かといってその時に起きた現象に対応するだけでは、新しい世界は広がっていかない。今日よりも、より良くと思い続け行動をしていると、そこには今までとは違った自分を発見できるかもしれない。〝あのころの未来に、ぼくらは立っているのかなぁ・・♪〟という歌の一節があった。何となく数年前に想い描いた状況の中に身を置く自分を見つけ出すこともある。

「長期」とは、年次を切ってはるか先の姿を夢想するのではなく、未知なる未来に向けて、日々想い続けて行動を起こすことの繰り返しのことと捉えておきたい。

紙に書きあがった計画書を見て安心していたのでは、変化は起きない。毎日の連続こそが未来であり「長期」である。朝一番で想っていることが、今日の午後に実現できるだろうか?と、今日も長期計画の一こまの幕が上がる。

戦略とは，「理想とする未来像」を考え，自らが実践することである。

変化する時代を捉えて未来像を考え，
「進むべき道」を描くこと。

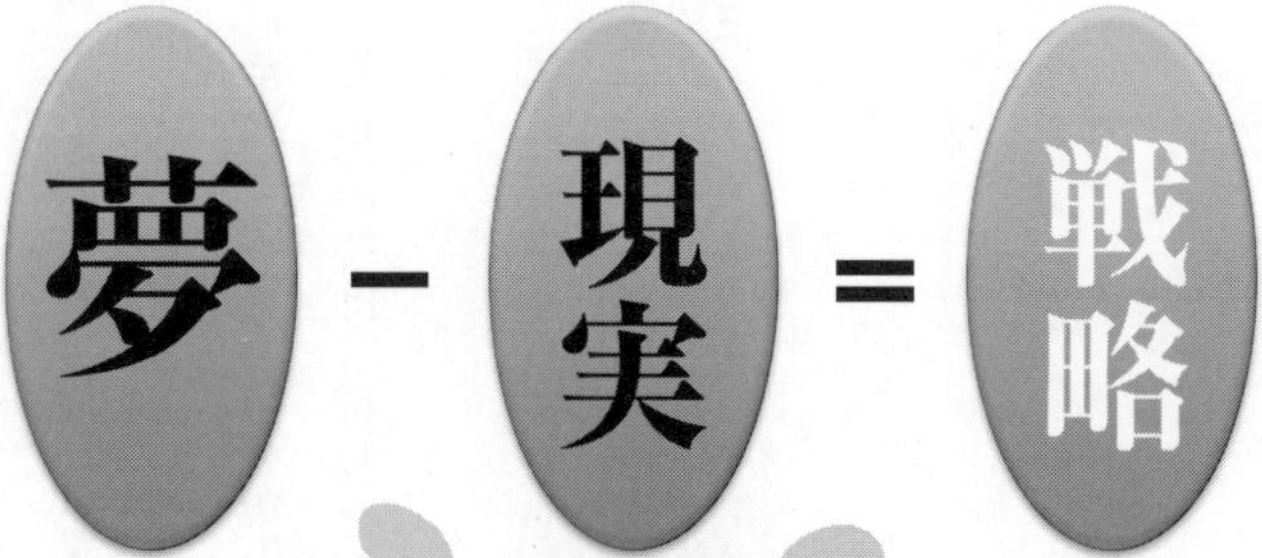

そして実践するのは，
スタッフ一人ひとりである。

[先駆の道〜3話]

社会や暮らしに横たわる「不（ふ）」への適応を考え実行する。

マーケティングは市場環境への「創造的適応行動である」ということは良く知られている。単に現在ある流行の流れの中で物事を考えるだけではなく、表出している現象の裏側（底流）にある今ひとつの動きを見る感度（センス）がマーケティング・スタッフには求められる。

「健康志向」の高まりに対しては、「不健康」を承知での生活行動があるのもその一つである。世の中にある、否定的な領域に眼をやることである。「不」のつく言葉から、「不」を破壊したり否定したりすることによって新しい発想が生まれるともいえよう。

「不」を探してみると、世の中にはさまざまな「不思議」があることがわかる。

「桜の季節を過ぎ、初夏の陽気ともなると日々外を動き回る営業活動では「不快」な汗がにじみ出る。かといって、顧客の前で「不愉快」そうな顔をすることは許されない。「不意」の訪問は「不見識」と疑われる。今まで「不義理」をしていた顧客である。

流暢に話すのが「不得手」であったとしても「不確実」なままになっている

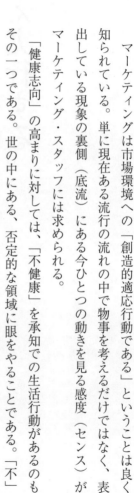

契約を何とか確実にしたい。新案件に対する内容が「不完全」な理解では説明に「不手際」が起きてしまう。「不眠不休」で考えた自分の提案書を読み直し、いざ商談の場に出向く」。こんな体験をしたこともあるのではないか。

日常の生活にも「不」は多く登場する。

「長引く「不況」で、日々の生活の中でもついつい「不機嫌」な顔になってしまう。「不健康」と知りつつ、煙草の本数も増える。かといって「不規則」な生活はしたくない。幼い頃より「不肖」の息子と父からは言われたが、学生時代も決して「不成績」ではなかった。世の中が悪いとは言わないが、何となく「不公平」「不合理」な社会という印象がある。ただ、常に「不要」な人材と言われないように、「不動」の信念を持って明日を迎えよう」。このような声を聞くこともある。

探し出せば、今、社会に生活に「不」が蔓延している。過去からの連続ではない「不連続」な思考回路を持ち、「不透明」な未来を読み解くことが、マーケティング・スタッフに強く求められている。

身の回りにある「不」は，新市場開発の素になる。

「共時」とは，ある特定の時期における，社会的な価値観や不満・期待の状況を読み解く思考で，現状の「不：不十分や不衛生など」を確認することでもある。

その「不」を改善・改良することが，新たな市場を生み出すきっかけになる。

市場における「不」の解消

不安 不安定 不案内 不意 不衛生 不易 不得手 不縁 不穏 不穏当
不可 不快 不可解 不覚 不確実 不拡大 不確定 不可欠 不可視
不可思議 不可侵 不価値 不可知 不恰好 不活発 不可能 不可避
不可分 不感症 不干渉 不完全 不機嫌 不規則 不気味 不休 不朽
不急 不許 不況 不興 不行儀 不協和 不義理 不器量 不謹慎 不屈
不敬 不景気 不経済 不潔 不結果 不決断 不言 不健康 不見識
不健全 不孝 不幸 不合格 不公平 不合理 不心得 不在 不細工
不作 不作為 不作法 不参 不参加 不二 不思議 不自然 不実
不躾 不始末 不死身 不自由 不祝儀 不出 不首尾 不純 不順 不肖
不詳 不精 不祥 不消化 不承不承 不条理 不所存 不信 不振 不審
不親切 不信任 不審番 不随意 不正 不整 不世生 不成績 不摂生
不戦 不全 不注意 不調 不調和 不都合 不定 不逞 不貞 不体裁
不適 不敵 不出来 不適当 不適任 不手際 不当 不等 不撓 不倒
不同 不動 不道徳 不透明 不徳 不得意 不燃 不念 不納 不能
不敗 不買 不発 不抜 不払 不備 不評 不品行 不服 不平 不変
不偏 不便 不法 不本意 不磨 不満 不味 不眠 不明 不名誉
不滅 不真面目 不毛 不問 不愉快 不予 不用 不要 不溶 不用意
不養生 不埒 不利 不利益 不履行 不良 不例 不連続 不和 etc.

［先駆の道～4話］

見えない未来の共有に、「ビジョン」の明示は欠かせない。

80年代に注目を集めたビジネス書に「エクセレント・カンパニー」がある。成長しつづける超優良企業の条件を、国境を超えた調査・分析を踏まえて、そのポイントを提示したものであった。そして90年代以降は「ビジョナリー・カンパニー」への注目である。企業永続の源泉は「基本理念」にあると示し、過去から将来に向けて変わることのない企業の基本哲学の重要性を説いた。企業のDNAや伝承すべき理念の重要性が、声高に言われるようになるきっかけにもなった。

今、日本企業に求められるのは、まさに今世紀ビジョンであろう。将来の姿を具体的に描くものでなくとも、自分たちが進むべき方向を示したもの。その方向が明示されないままでは、自分自身が何をすべきか、どう振舞うべきかもはっきりしない。この国が進むべき道を示した国家的ビジョンは、今までに二つしかなかったといわれる。一つは、明治時代の「富国強兵」。今ひとつは60年代の「所得倍増」である。何をもって企業は社会に関与し得るかを示したものである。

ビジョンに求められる要件は幾つかある。一つには「眼に見えやすいこと」

である。Visionはまさに Visual（視覚的）なものであり、将来像がはっきりした姿で示されているものである。二つには、実現可能であり且つ実現が待望されるものである。絵空事のような言葉で浮ついたものでは、他者との共有化は難しかろう。そして三つにはコミュニケートしやすいことがある。難解では、全員が何をすべきか、個々人が果たす役割は何かがわからなくなってしまう。

企業の方針は往々にして抽象度の高い言葉が並ぶ場合が多い。経営理念は自分たちの存在の状態を言葉で表明したものであり、日本企業の多くに「和」「真」「努力」などの文字が並ぶ。今問うているのは、状態説明ではない。未来への方向である。何をしたいのか？何を目指すのか？への解である。

マーケティングは、市場構造の変化を自らの経営の中に取り込むことにある。であるならば、将来方向を示唆したビジョンは、経営の意思表明であり、市場との対話の基点ともなる発言と捉えることが出来る。

ビジョンは，未来への志の表明である。

一般的に企業（組織）の戦略は，外部環境変化に適応すべき自らの資源の最適配分行動と理解されている。しかし，従来から言われる経営戦略の論理は得てして，環境変化の読み込みと自社資源の分析に主眼が置かれてきた。

今，新時代の経営戦略に求められているのは，夢想した未来像（ビジョン）への行動計画を描くこと（Will）が必須のテーマである。

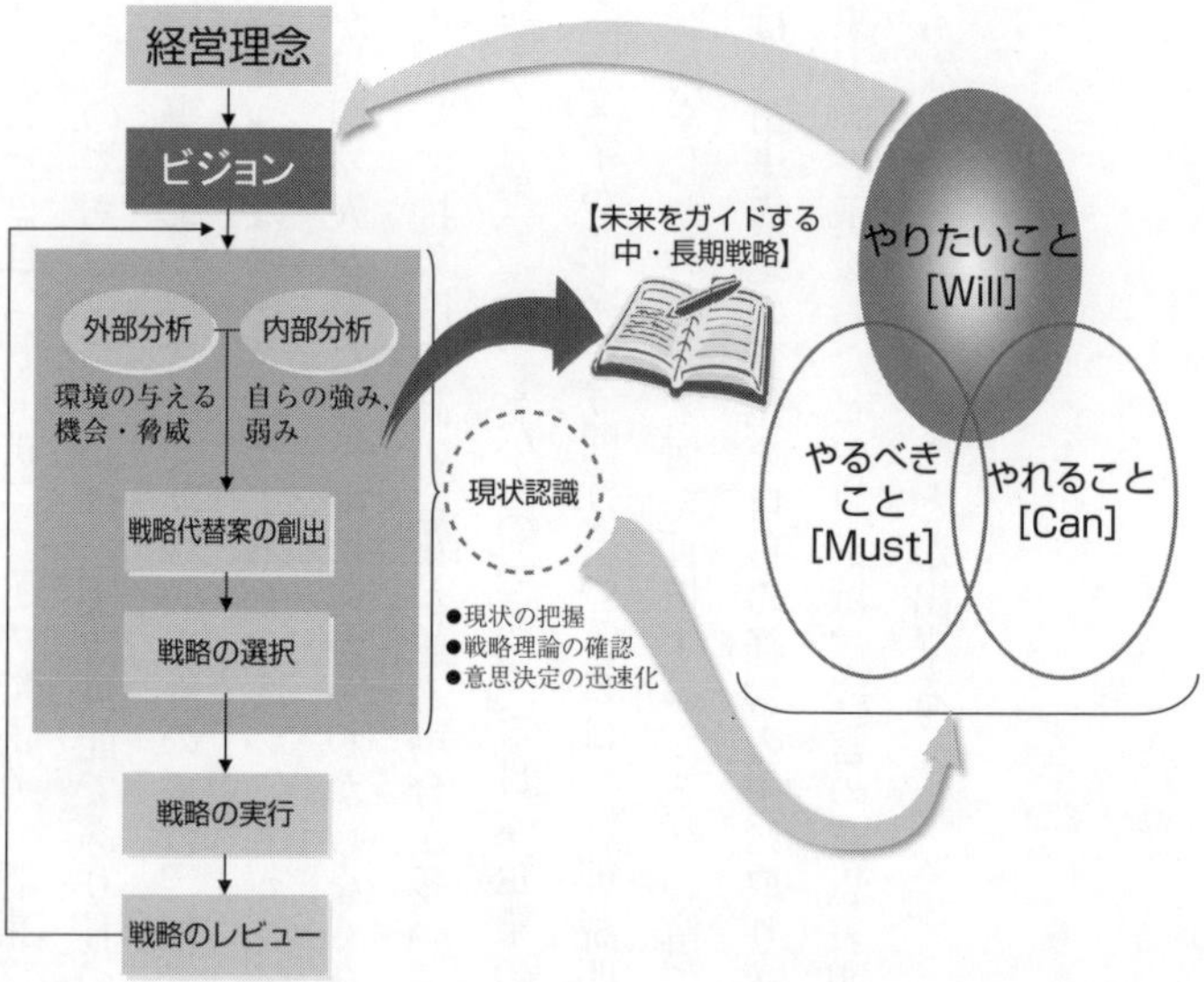

［先駆の道～5話］

店は本来「魅せ」る場。生活デザインの「選好」空間である。

市場拡張の飽和状況が言われることもあるが、今なお大手携帯3社の店や家電量販店等のコーナーで、多くの人に出会う。消費が活性するのは決して悪いことではない。時期にあわせて、端末の新製品も数多く発表される。数多い類似商品の中から一つを選ぶことは至難のこととも思えるのだが、いとも簡単に選んでいるようにも見える。

店頭で選ぶ時点までに、既に多くの情報に接触し深く学習してきた様子が伺える。大手3社間のサービスの差や料金の差。端末のデザインの差、色の違い。製造メーカーがどこであろうが、自分の好みの色合いのものであれば、それでよいといった風である。もはや機能などは、購入者サイドにとってさしたる差別性とも感じて貰えない。単に最終的に手にとって確認をするのが携帯のショップでありコーナーのようだ。

物を選ぶにあたって比較検討し自分なりに考える「選考」は、店の現場ではなく事前の情報や他者から聞いた使用体験談で既に行われている。あとは、自分の好みに合うかどうかの品定め「選好」である。

店の持つ役割も変わらざるを得ない。「店」は「魅せ」であって、多くの商品を棚に並べ（「おたな」の文字変換は「お店」である）、さながら品評会の演出で、客をひきつけようと、あの手この手を生み出してきた。正札販売以前の呉服店などの販売形態は、「座売り」である。客は多くの反物を広げ、店側の説明に耳を傾け、会話をしながら商品と価格とのバランスを計ろうとした。店は「選考」の場であった。

マーケティングの発想は、多元的視点の複合である。何も価格が「安い」だけではなく、仕組み自身の「易い」も考えることを忘れていないか。

明らかな機能差があれば別だが、それが微差であれば、後は「お好み」の問題になる。顧客サイドは、自分にとって好ましい環境でモノを選ぼうとする。店の雰囲気も基準のひとつになる。店は、顧客の選択が独断「専行」にならぬよう、公平に情報を提供する「選好」空間としての演出が求められる時代である。

価格の「安さ」だけではない「やすさ」が求められている。

顧客は決して「安さ」だけを求めて店をラウンドしているわけではない。自らの生活デザインに適応したモノやコトを求めている。

店の機能を「やすさ」で整理して，その実践が問われている。

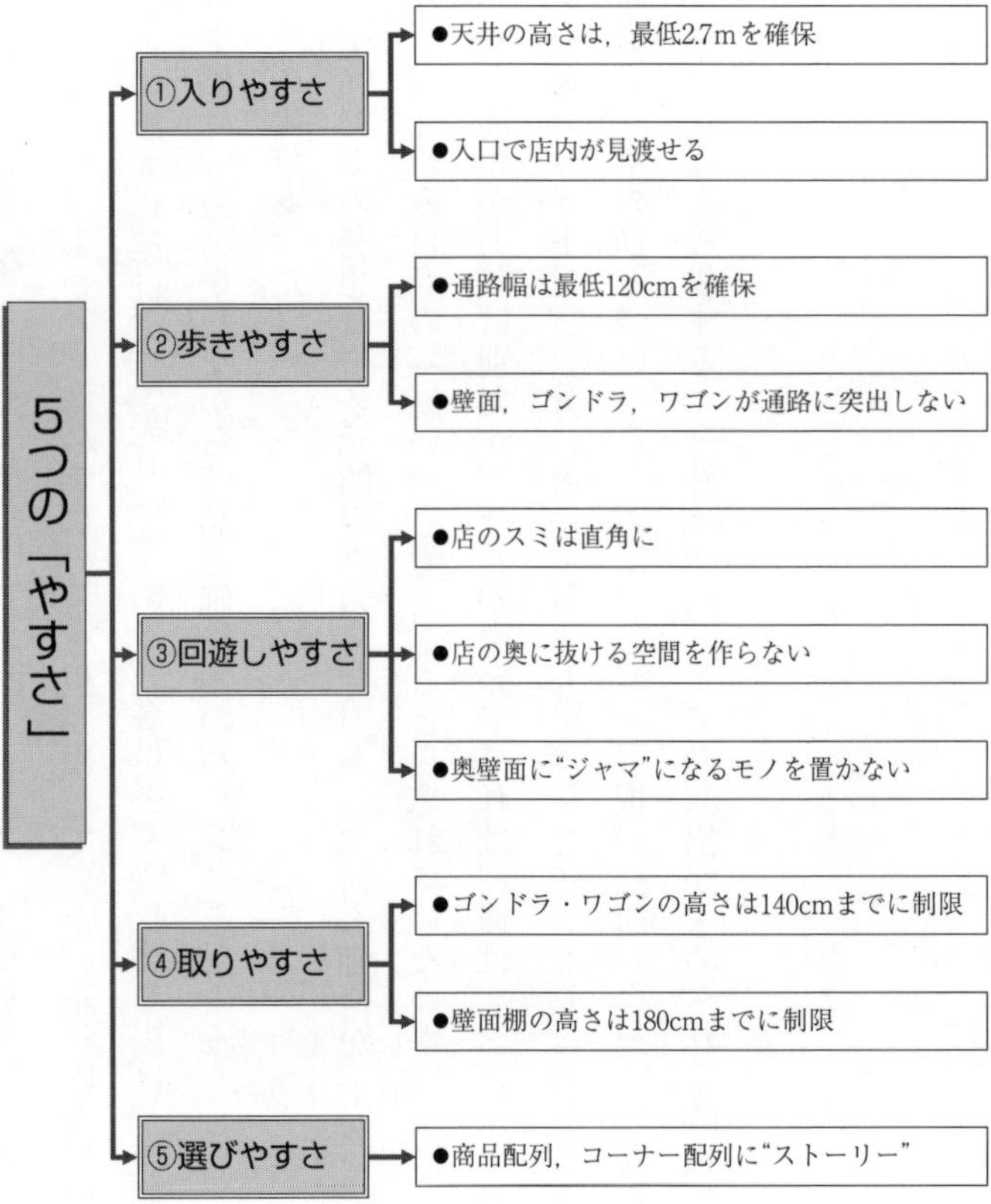

［先駆の道～6話］

「現場力」が、ビジネスを動かす。「現場百見」で変化を知る。

ビジネスにおいてよく聞く言葉の一つに「現場百回」がある。何事も、現場で起きている事実をつぶさに見ることによって、改めて新しい発想や方法が生まれてくることを言う。決して、机上の取りまとめには止まらないプラスαの何かがある。それが「現場」というもの。私は「現場百見」と言っている。

わが国のビジネスモデルの多くが、この「現場力」を背景にして成り立っていることは、よく知られている。製造の現場、営業の現場、企画の現場、取引の現場・・・、そのどれか一つが欠けてしまうと、ビジネス自体が円滑に動かなくなるもの。「現場・現物・現実」の「3現主義」を持ち出すまでもなく、現場には様々な情報が埋もれている。何よりも、お客様に最も近いのがビジネスの現場である。

過去の成功体験をベースにして新しい事業を考えても、なかなかうまくいかない、という場面に出逢う。その理由の一つには、現場自身の変化があるからである。たかだか5年前には当たり前だったことが、今では陳腐化し、従来のやり方が通じないことはよくあること。「こうなるはずだ・・・、けど」「あれ～っ、おかしいな、以前は大丈夫だったのに」といった言葉を聞くにつけ、現場変化への適応力の向上が必要と、自分にも言い聞かせている。現場は、ビジネスを動かしている「駆動」力である。

ところが最近、どうも「現場」力が衰えているように感じる。バーチャルな世界での夢想と、実際にモノがやり取りされる現場が混在しているのだろうか。公共の業務においても、守るべきことが守られていないと指摘されることがある。警察官の対応や、受刑囚の脱獄。いつか映画で見たことのあるような場面に、現実の世界で遭遇してしまう。

ビジネス力の根源は「現場」にある。日常生活における買い物も、「買い物の現場」＝「買い場」でなされている。瞬間的な顧客との接点こそが、「現場」の力を生み出していることを忘れてはならない。

市場現場の変化を見て・感じ・動くことが未来への駆動である。

市場現場の事実を知らなくては，市場の変化を自らの事業機会(チャンス）として捉えることが出来なくなる。

「現場」「現物」「現実」が経営の「3ゲン」主義。これを「原理」「原則」で捉えようとしたのが，経営のオールドモデルで言われる「5ゲン」主義。われわれが心すべき5ゲンとは，「現在」の経営環境の「現象」を，自分の感性で捉えることに始まる。つまり，「現在」「現象」「現場」「現物」「現実」の5現の視点を持つことである。

迷ったり，悩んだりした時に，気づきのヒントを与えてくれるのは，交換現場の「市場」である。

問題意識を持つ＝
"Full-Time Thinking"
[顧客思考]

そのための基本姿勢は，

1．百聞は，一見に如かず。
2．百見は，一考に如かず。
3．百考は，一行に如かず。
4．百行は，一果に如かず。

［先駆の道～7話］

「景気」に左右されるのではなく、
「景気」を左右する
思考と行動がマーケティング。

時にわが国の景気が少し上向きになってきたとの報道を聞く。しかし実感に乏しい。自分の身の回りの様相を見ても、これといった大きなうねりを感じさせない。小さな変化は日常的に起きるものの、人が皆活き活きとした眼で動いている様子を感じさせない。メールを読んでいるからだけではなく、何となく下向きの人に出会うことの方が多い。繁華街での客待ちのタクシーの数は、日に日に増加しているように見える。

そもそも「景気」とは何か。三省堂「大辞林　第二版」によれば、「(1) 社会全体にわたる経済活動の活発さの程度。(2)「好景気」に同じ。「あの店は最近すごい−だ」(3) 威勢のいいこと。元気なこと。(4) けはい。ようす。ながめ。」といった整理がある。

経済学的な定義もあろう。しかし、今ひとつ忘れてはならないポイントがある。それは、「景色」と「気分」の合成である。

自らの行動が、今の環境に照らして似つかわしいことなのかどうか。まさに「景色」にあった行動を取っているのかどうか。普段行ったこともないような高級レストランに友人共々で行くと、勝手を知らないが故になぜか落ち着かないといった経験は無いだろうか。自分にとって、周りの景色がうまく調和していない証拠である。何かを購入しようとして、その気になり店に出向くまでは良いのだが、実際に購入する段になって急に「気分」が盛り上がらず止めてしまったことは無いだろうか。購買行動を後押しし、かつ引き上げる力が欠落している状況である。まさに「気分」が高まらない。

マクロ経済の視点からすれば、株価や為替相場を含めて一時期の停滞感は脱出したようにも感じる。しかし、日常のマーケティング活動は、マクロの視点で行われているのではなく、ミクロの見方である。

新しい生活環境を具体的に提示できる「景色」と、購入しようとする「気分」を高める情報の提供。まさに、マーケティングは「景色」と「気分」を高める提案を継続する思考と行動の体系と考えるべきである。

大きな変化よりも身近な変化が次代をつくり行く。

今の時代を読み取ると･･･,

＊ リスク回避型からリスク・テーク型へ

→リスク回避のための「周りの人が持っている･･･」といった外的価値ではなく，自らの内的価値実現のための**個別的選択（選好）**を行う。

＊ ファッションからスタイルへ

→ファッション（流行）はマス・メディアを中心にしたトップダウン。それに対して **『経験値』** によるスタイルを生み出す。

＊ コスト・パフォーマンス志向

→「価格が安いから買おう」「品質が良いから買おう」といった，価格と品質を別々に捉えるのではなく，**サービスも含めたバランス**による判断をする。

■ちょっとお得 → ポイントカード・サービス
■ちょっと安心 → セキュリティ・サービス
■ちょっとコミュニケーション → スマートフォン，facebook
■ちょっと環境 → ハイブリッドカー，リサイクル
■ちょっと買い足し → ヒャッキン，プチスーパー

手にとることのできる身近さがキーポイント。

「他人ごと」ではない「自分ごと」に注目。

［先駆の道～8話］

マーケティング実践は、動くことが先。頭（あたま）は最後である。

歳を重ねてくると、一段と時の流れが年々早くなっていくように感じる。年末になると、何となく過ぎた時を手繰るように一年を振り返るのが普通の光景になる。ヒット商品番付や流行語大賞、十大ニュース等々。ビジネス界に目をやる。新旧経営スタイルが錯綜する時代である。

時代と共に、娯楽を下支えしてきた産業（企業）の交代劇もある。マーケティング界では、今まで耳にすることのなかった論点は発信されたか。といったことを気に掛けながら時が刻まれていく。

そうした中、個人個人の能力（脳力）活性が言われるようになってきているように感じる。人真似ではない、自分の頭で考え出した方法論の現場での実行である。確かに、先行的な欧米モデル追随型ではない新たなビジネス・モデルが希求されているビジネス環境にあっては、まさに個人的な思考力そのものが問われる。

そこで気になるのが「頭脳」といわれる、能力を司る「頭」のこと。普段何気なく使っている言葉で、「頭」をどのように形容しているだろうか。

頭が「良い・悪い」といった仕訳がある。そこで言う頭の良し悪しとは何か。

物事に対する理解力だけではない、理解を超えた判断と実行への展開力も指し
ているようだ。
頭が「固い・柔らかい」。これも、思考回路の柔軟性のことであろうか。
頭が「重い・軽い」。これは何か。頭脳明断を保証する、脳の健康状態か。
頭が「高い・低い」。挨拶をする時の、頭の下げ方によって、その人の対人距
離感を測ることが出来る。
頭が「強い・弱い」。思考力を集中する継続的な対応への持久力か。
「のぼせ頭」「ざる頭」「頭にくる」「頭が痛い」「頭を使う」・・・今日も頭は
フル回転。
ただ、余り「頭」を先行させてことにあたると、なかなか自分の思い通りに
ことが運ばないことが多い。頭に汗するよりも、身体に汗して動くことの方が
先のように思える。
まさに、ビジネスは「頭が最後」。せいぜい、自分の頭で考えることを忘れ
ずに、先ずは動くことを考えるべきである。

複合的な学びのスタイルが「気づき」力を高め「知層」を重ねる。

自らの「気づき」が，次なる変革への起爆剤になる。今起きている変化が，次代をつくる「予兆」になることもある。

そのためにも，一人ひとりが，自分の現在，市場の現在に気づくことが必須である。

“気づき”の力を広げるためには，「学ぶ」スタイルを多様にもち，複数の視点で語ることが出来る力を強くしていくことが求められる。

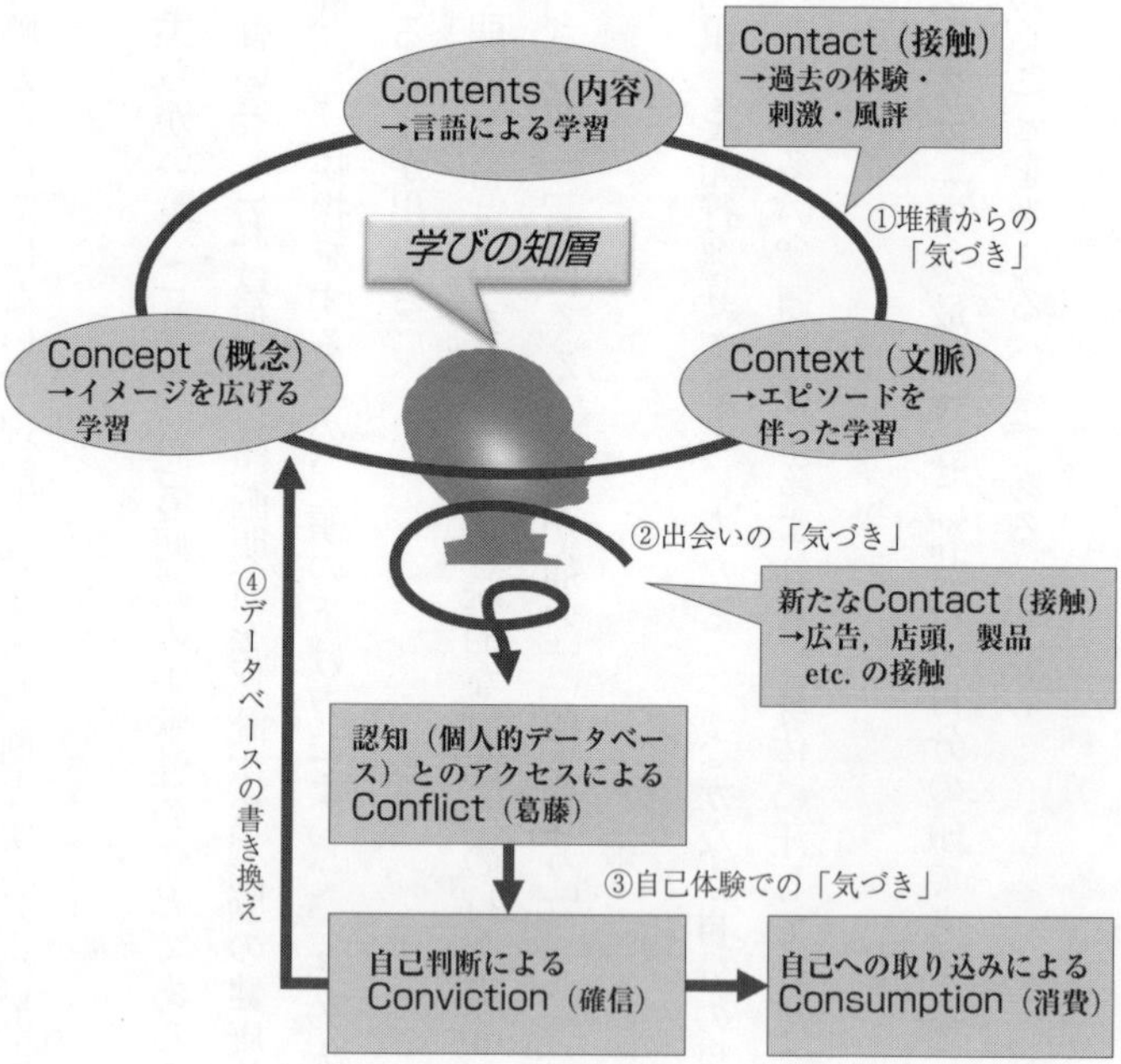

⑥一途の道

　自分が「プロ」であると標榜したとき，「プロ」ではなくなる。他者から「プロ」と言われるのが，自らの「プロ」意識の発露である。

　私は，多くの他者の中に存在して，知を提供できるスタッフでいたい。そのためには，他に拠らない自立的な行動を心掛けることだと思う。

　素養を高めることの「楽しさ」を知ること。そこにこそ，他者を思い遣る「マーケティングする心」が生まれると感じている。

　私は，生涯「一《いち》マーケティング・スタッフ」として生きたい。

［一途の道〜1話］

マーケティング眼を広げ・深め、ビジネスの学道を行く。

どこかに向かうとき、われわれは道を通って目的地に向かう。まだ見ぬ先に目的地があると思えば足取りも少しは軽くなる。42・195㎞を走破するフルマラソンも、所々に達成した距離が示されることで、また次を目指そうとするのではないか。

しかしビジネスには終わりがない。行けども行けども、次の目標が提示される。われわれの暮らしの中には「道（みち）」を「道（どう）」と読む、終わりのない道が多くある。剣道・柔道・華道・茶道・香道・・・。一つことに集中して考え、拓き、行動し、常に先を見据える姿がそこにはある。だからこそ、自らを鍛えるための道場も存在する。何かを突き詰めていこうとするのであれば、企業には「企業道」があってもよさそうだ。「商人道」「武士道」が整理されているにもかかわらず、どうも「企業道」という体系に出会ったことがない。

では、マーケティングはいかなる「道」なのか。個人的に二つの解釈をしている。

一つは「恋」の道‥

好意を寄せる人に対して、その人のことを知ろうとする。直接本人に聞けない場合には、関係ある他者から聞き出そうとする（多面的調査）。そして、自分自身の良い点（強み）を知ってもらおうとする（差別的優位性の発信）。結果として、お互いの距離を近付けようとする（関係性形成）。

二つには「人」の道…

人は、他者との間（関係）に存在して人間になるという（生命体から人間性へ）。そして、他者との接点を通じて自分自身の未来を夢想する（ビジョンの設計）。更には、一人ひとりの個性や価値観によって、選択する商品やサービスの評価は異なる（価値多様）。

どうやらゴールテープは準備されていないようだ。日々歩み行くマーケティング・ビジネスの道は、広大な市場原野を切り拓いて、日々新たな「道」をつくることなのかも知れない。それは、日々の学びを繰り返す「学道」でもある。

変化をチャンスに置き換える「気づき」は，複眼の学びで高まる。

国際レベルの景気動向を構成しているのは，日本経済を始めとした各国の経済状況である。日本経済を構成しているのは，政策動向もあるが，あくまでも民間の企業活動がベースになっている。

その企業活動を支えているのは，景気動向を判断する経営者や事業施行者，そしてモノやサービスを購入したり株主になったりする生活者である。

根源的に日本経済や企業活動を支えているのは生活者であり，生活者の動向を見れば，時代，そして次代への変化を読むことができる。

身近な動きをつぶさに見て感じようとする志が，次代へのビジネスチャンスを思いつくものである。

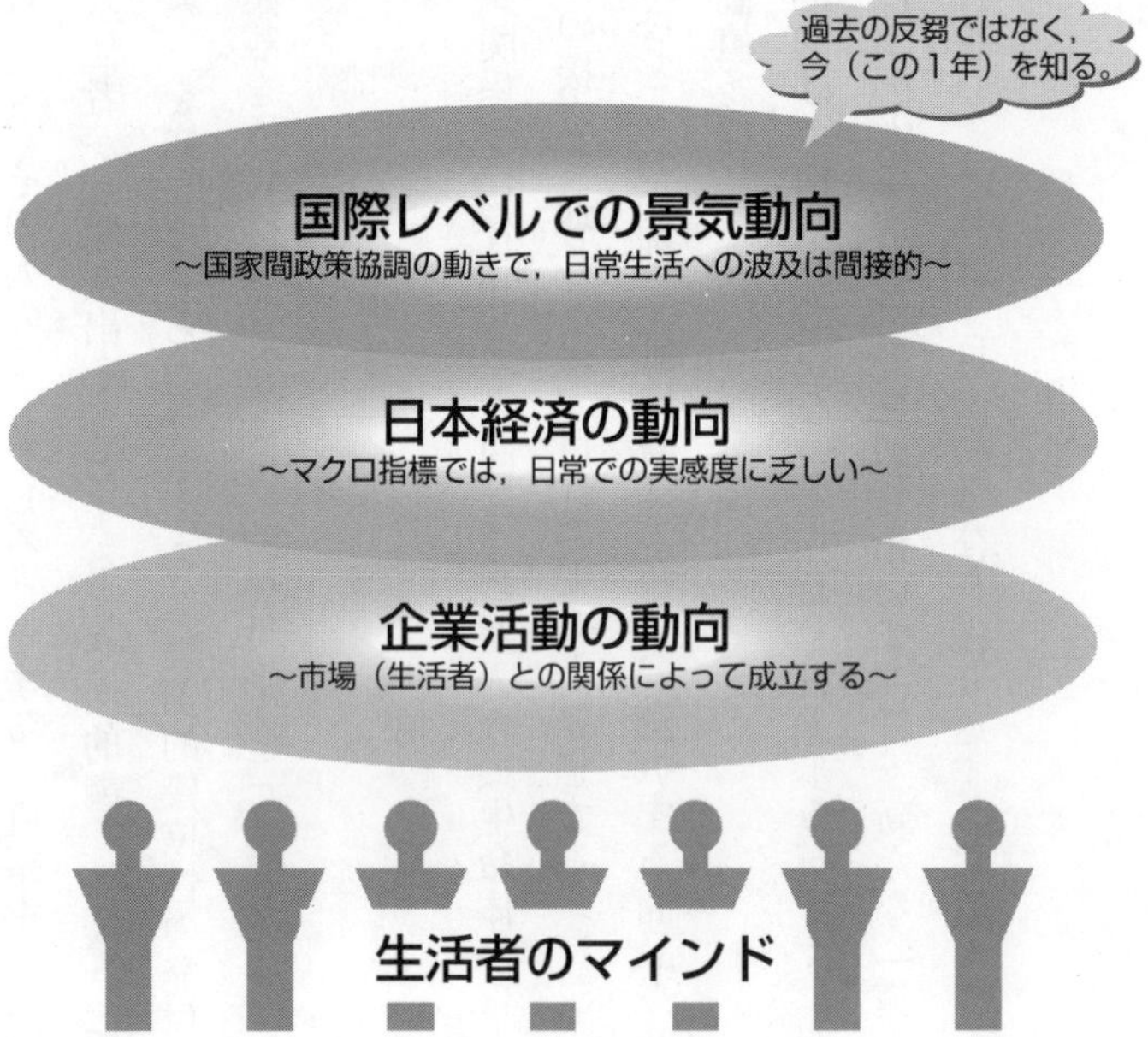
過去の反芻ではなく，
今（この１年）を知る。
国際レベルでの景気動向
〜国家間政策協調の動きで，日常生活への波及は間接的〜
日本経済の動向
〜マクロ指標では，日常での実感度に乏しい〜
企業活動の動向
〜市場（生活者）との関係によって成立する〜
生活者のマインド

〜時代を支えるのは生活者の動きである〜

［一途の道～2話］

二つの「がんりょく」を磨く。「眼力」と「顔力」である。

ここ数年の夏は、「猛暑」「酷暑」「炎暑」と徐々に形容詞のレベルが高くなる「暑い」日が続く。気温が高くなると、何となくぼんやりとしてしまい思考力の低下をきたすようだ。それがそのまま眼の力を落としてしまうのか、考えていない目は焦点も定まらず、力を感じさせなくなってしまう。

眼の力のなさが、顔の造作全体に影響を及ぼすのだろうか。ぼんやり顔で思考停止を感じさせる顔になることがある。顔を見ても、威厳や威圧感を感じさせない。

しかし今、暑さ寒さに関係なく力を感じさせない顔に出逢うことがある。街の中での出逢いでもそうだが、最近TVの画面を通して見る、わが国の政治家諸氏の顔に感じる「顔力」の乏しさである。

選挙のことだけを気にしているような先生方。同じテーマを繰り返して指摘し合う様子を見るにつけ、発言自体に力を感じないことがある。

顔に力を感じないと、未来を描いている顔に見えなくなってしまい、正面から現状の問題に立ち向かう雄々しい眼の力も感じなくなってしまう。企業の経営においては、常に立ち至らない状況にならないように、頭にも身体にも汗をかく。

顧客に向けて、新しい商品やサービスへの理解を得ようとする際のマーケティング担当者の「眼」と「顔」を見て欲しい。現実を直視する力がある。そして何よりも、未来を描こうと、遥か先を見る眼をしているはずである。マーケティングの原点は、自らの「顧客は誰か?」を考えること。考える顔には、人をひきつける「眼力」と「顔力」を感じさせるものである。

プレゼンテーションは，内容よりも発信者の見た目が決め手。

未来を語るプレゼンテーションでは，基本は明るく，下を向かず提案内容に確信を持った表情で堂々と振る舞うこと。

声・しゃべり方の善し悪しよりも，声が一番後ろまで届くかどうかがポイントである。また，語尾をはっきり発音することや，テンポを変えたり，抑揚に変化をつけて一本調子にならないようにする。

そして何よりも，確信に満ちた姿勢・スタイルが，聴取者への印象を強くする。

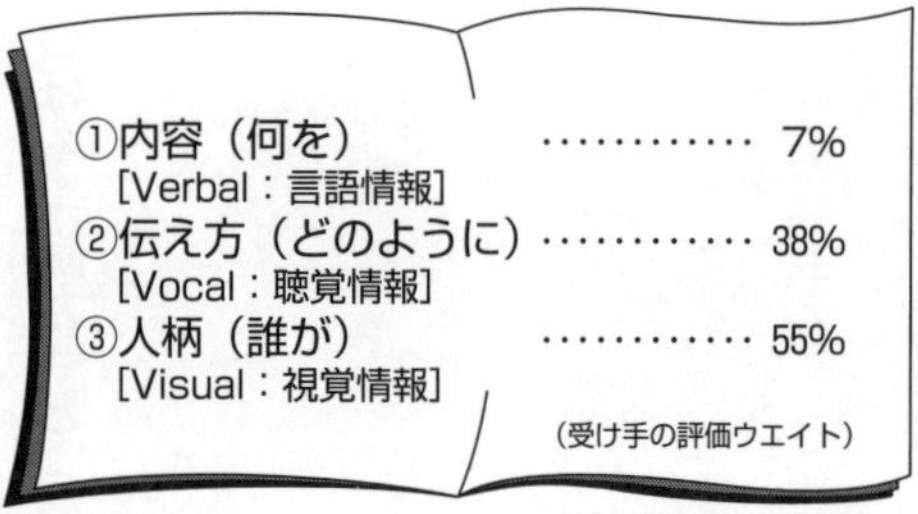
①内容（何を）　…………　7%
[Verbal：言語情報]
②伝え方（どのように）…………　38%
[Vocal：聴覚情報]
③人柄（誰が）　…………　55%
[Visual：視覚情報]
（受け手の評価ウエイト）

[メラビアンの法則]

背筋を伸ばして
まっすぐに立つ。
演台にもたれか
かったりしない。
ポケットの中に
手を入れない。

［一途の道～3話］

ビジネスライフは、「知・情・意」のバランスである。

夏目漱石の「草枕」の冒頭に次の一節がある。「智に働けば角が立つ。情に棹させば流される。意地を通せば窮屈だ。兎角に人の世は住みにくい。住みにくさが高じると、安い所へ引っ越したくなる。どこへ越しても住みにくいと悟った時、詩が生まれて、画が出来る。・・・」人が生きて行くためには、「知・情・意」の三つのバランスが必要なようだ。

個々に見てみれば、「知」は知識、理屈、道理、分別であり、「情」は人情、気持、感情、情緒、そして「意」は意思、意志、意地の意味を持つものである。人の日常生活は、まさに知情意のバランスであることを感じる。自分自身が今何をしなければならないかということを「知」っていても、いざ取り組もうとした時に目的に対して「情」熱が高まってこなければ、なんとなく惰性でこなすような行動に陥りやすい。しかも、やり始めたならばやり遂げる「意」志がなければ、途中で挫折もする。学校の教育現場においても、「知識」ばかりを詰め込んでも、所詮社会生活には何の役にも立たないと思う「感情」が走ってしまう場合が見られる。決して日常の生活行動は、ある公式で動くわけではなく、人それぞれの「意志」に基づいて行われるものであり、その判断を更に高次なものへと引き上げるために、新たな「知識」が必要になる。にもかかわらず、目の前にある難解な文章や公式に拒絶反応を起こす人がいる。学ぶチャンスの放棄であり、もったいない。

多くの企業人と、さまざまなマーケティング・テーマの研究や研修をする際に、これら三つの意味と要素のバランスの重要性を感じる。一般的に研修というと、「知識」を深めたり自らの技能レベルを確認したり、新たな「情報」や手段の習得を目的にしている。したがって、どうしてもその時間の中で何がしかの成果を得ようと必死になる「意志」が働く。しかし、短期間では何となく理解できたと思えることも、いざ自らのビジネス現場に戻ると、また違った感情になり、あれはあくまでも研修での出来事だったと、元の鞘に収まってしまう人もいる。

マーケティングは本来、人の暮らしの中に新たな「知恵」を提供することに「情熱」を持って取り組み、変化に適応した「意思」決定を繰り返す、「知・情・意」のバランスの中で行われるものである。

マーケティングを語り合うことは，「知情意」の交わりである。

グループでマーケティングを語り合う場合，その基本的なスタイルは「知識」「情報」そして「意志」の「知情意」の交わりを意識することである。

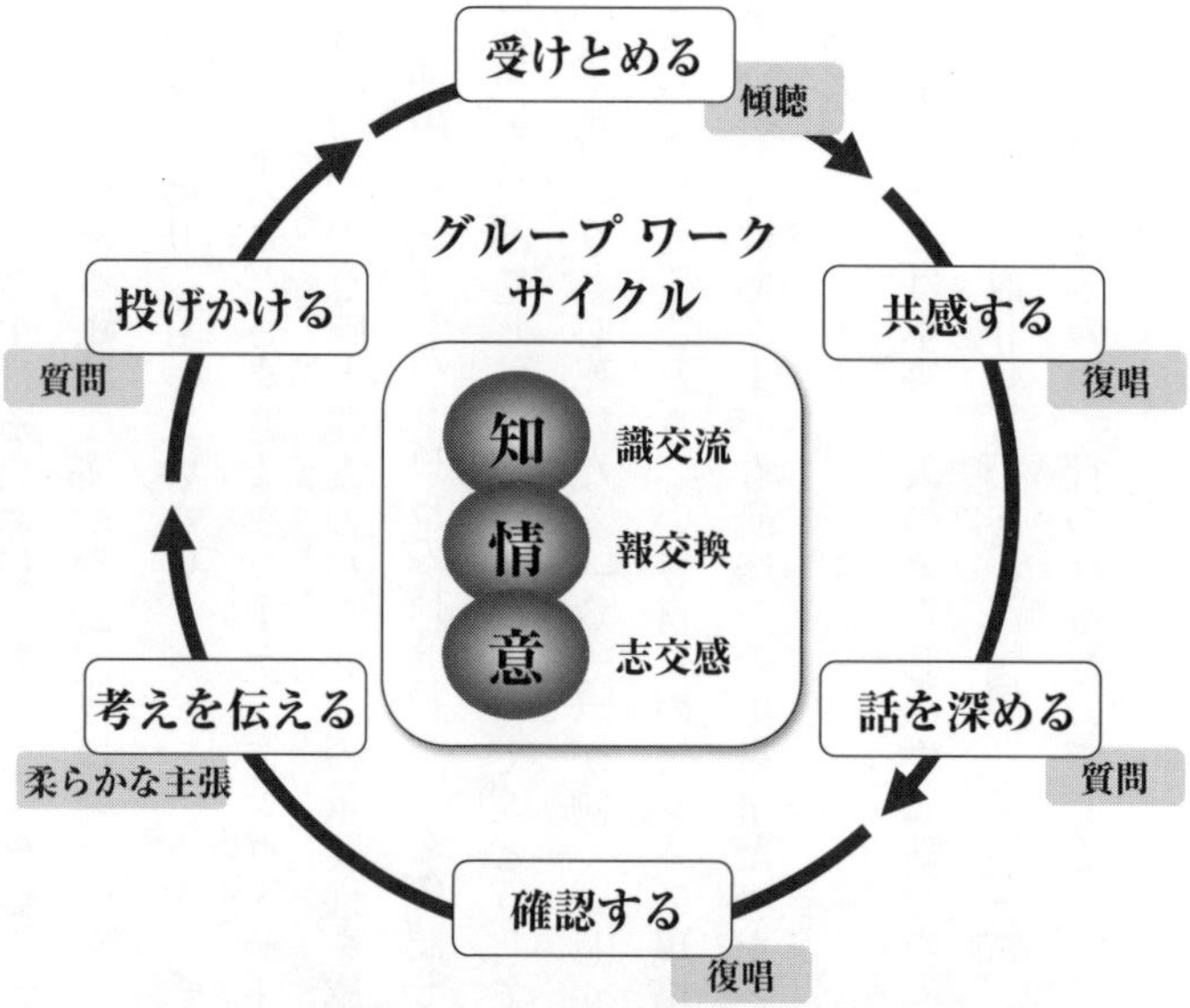

①受けとめる	「なるほど、なるほど」（うなずく）
②共感する	「…とおっしゃるわけですね」
③話を深める	「なぜそのように思われるのでしょうか？」
④確認する	「…というご意見と理解してよろしいでしょうか？」
⑤考えを伝える	「…という考え方もあると思いますが」
⑥投げかける	「…については、どのようなご意見ですか？」

〈「説得技術のプロフェッショナル」伊東明／ダイヤモンド社に一部加筆〉

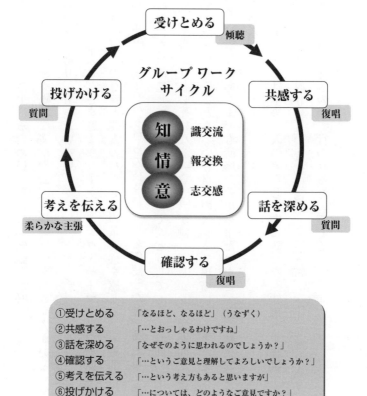

［一途の道～4話］

伝えることは自らの意志の発信。
口をついて出るのは
「言の葉・心の端」である。

自分自身が言葉を使って、さまざまな「論理」を組み立てる仕事をしているからであろうか、口をついて表現される一言一句にこだわりを持って発信している。時にその「こだわり」が、表現上「かたくな」な印象を与えてしまうこともある。しかし、一度自分の肉体の一部から発せられた表現は、内容を含めて発信者自身の責任に帰するものという覚悟をもって、話したり書いたりしているのが日常である。

そのような認識でいるからであろう、政治家の発する言葉の軽さに眼を覆うことがある。と言うより、耳をふさぎたくなる。前言の取り消しは日常茶飯事。人の質問に対して、質問内容から外れた答えをしながらも、延々と自説を語る。そこに本来的な問題を解決しようとする姿勢が見えない。誰に対して発信しているのかも不鮮明の印象がある。聞いて貰うべき人が存在しない独り言に聞こえてしまうことすらある。

口をついて出る言葉は、本来、自分の想いが表出されたもの。だからこそ、言葉を言霊（ことだま）と言った。言ったことに対する責任をとろうとせずにいる姿勢では、人はいつかその発信者を「オオカミ少年」のように信じなくなってしまうであろう。言葉は責任の所在を明示していることに繋がる。

一方で、自らの心の端々を伝えようとする想いが垣間見られる場面に遭遇することもある。そこに年齢の差はない。語り方は朴訥であっても、そこに熱を感じることが出来るかどうかである。

マーケティングの分野でも、時に言葉をもてあそぶような場面に遭遇する。ちょっとした違いにしか過ぎないものを、さも大きな差があるようにメッセージを流す広告が見られる。本来、自らの顧客に向かって発信すべきは、木の葉のような川に浮かび流れる軽さではなく、自らの想いを表明した「言葉」であり、提供者自身の心の端にある「想い」であるはずだ。

マーケティング・スタッフは，変革への多様性を知っている。

新たな事業を生み出すもとになる着眼は，「やめる」「へらす」「かえる」ことから始まる。特に「かえる」発想は，従来を否定することなく，新たな着想に転換することである。

マーケティングは，常に時代の価値観に適合させるために，従来の思考から「かえる」べきことは何かを考え続けることである。

1.廃止・排除	……	不要やめる。過剰退治
2.削除・削減	……	部分的にやめる。減らす
3.付加と代替	……	他のもので代用。代替
4.正と反	……	反対にすると。逆転の発想は
5.順と逆	……	順序変換／手順変更
6.定例と例外	……	例外管理，例外対応
7.並行と直列	……	同時化，同期化。連続処理
8.差異と共通	……	違いに目をつける。共通点を生かす
9.定数と変数	……	変わるもの，変わらぬもの
10.定常と変動	……	標準化，パターン化。変動処理
11.拡大と縮小	……	サイズ，量，距離，時間
12.結合と分離	……	くっつける，まとめる，分ける
13.集合と分散	……	まとめて←→そのつど

[一途の道〜5話]

マーケティング思考と行動は、「あい」の複合である。

毎年12月に、その年の様子を言い表す漢字一文字が京都清水寺で発信される。ここ数年は「北」「安」「金」などと、心躍る文字に出逢うことが少ない。ただ、さまざまな横文字が氾濫する中で、改めて漢字の持つ情報力を感じさせることがある。その文字ひとつを見るだけで、何となく自分自身の生活や過去の体験が浮かんでくる。「薔薇」という字は書けなくとも、あの花が浮かんでくるし、「憂鬱」という文字を見ただけで、何となく気分も暗くなる。

では「マーケティング」を漢字で表現すると、どのような文字があてはまるだろうか。企業に限らず、さまざまな組織行動の多面的な視点を複合しているマーケティングを、一文字だけで全て語ってしまうのは無謀なことかもしれない。モノや情報の流れを円滑にする行動と捉えれば「流」という文字が当てはまるとも考えられる。

他者との関係を円滑にする循環思想と捉えれば、「還」といった文字も一面を言い当てているようだ。

一方マーケティングは、出会いの場の創造と演出とも考えられる。とすると、どうやら「あい」の音の漢字が当てはまりそうに思える。

「会」：人が何かのモノやサービスに会う。

「合」：その人にマッチした商品やサービスを考える。

「逢」：親密な関係に出逢う。

「相」：常に相手のいることを考える。

そして、

「愛」：他者への優しさをいかに現すかは本人の愛情表現。

変化への適応を考えるマーケティング。そこに変化を見る「マーケティング・アイ」が必要なのも、「あい」を考える必要性を教えているのかもしれない。

自分にとって「マーケティングとは何か？」を考えてみる。

マーケティングの定義は多岐にわたる。そこで，まず自分自身が感じるマーケティング感を常に整理し，自分にとってのマーケティングを定義しておきたい。

マーケティングを実感するのはいつか。(例)

会社・仕事で		なぜそう思うのか
どんな時・どんなこと	担当する代理店の売上伸長施策を考えている時	お得意先の要望を踏まえ，どうすれば売上があがるのか必死になって考えるため。
	新商品情報を見た時	新商品の発表の裏には広告やプロモーション戦略があり，背景を知ると商品のコンセプトが何となく分かる。
	企画書を作るとき	お得意先のニーズに合わせて，市場分析した上で企画書を作成するため。

家庭・個人で		なぜそう思うのか
どんな時・どんなこと	買い物（スーパー）に行ったとき	店頭チラシなどの販促物を見ると，消費者の買い物意欲をそそるためのマーケティング方法を感じる。
	電車に乗ったとき	中吊り広告や窓上の広告に，沿線特有の広告が張り出されているため，地域に合わせた広告展開が見える。
	旅行に行ったとき	旅行先のファストフードと同じ店なのに，自宅近くの店では値段が違う。市場に合わせた値段設定があるのを感じた。

自分にとってのマーケティングとは・・・。(例)

マーケティングとは・・・

日々の生活において判断をする際の方法論である。

A商品とB商品の購入を検討しているときには，必ず市場価格，人気，普及率などを調べて決める。

また，人生の決断においても（転職、結婚など）マーケティング思考を活用する。

よって，マーケティングは日々日常に起こる選択シーンに活用している方法論と考える。

［一途の道～6話］

時代と共に変わる
ビジネスの「3K」。
「K」には時代の着眼がある。

ある業界を言いあらわす用語として使われた「3K」。曰く、「きつい」「きたない」「危険」という、嫌われる職場・仕事の特徴のことを言い当てたものとか。バブル経済はなやかなりし頃の就職活動では、踊るように発信されたキータームである。

その後のバブル経済崩壊で、企業の経費削減が声高に言われた。その折も「3K」である。「交通費」「交際費」「広告費」の削減が、先ずやり玉に上がった。しかし、これらのKは営業活動の基本であり、かつ人が人と出逢い話し合うための潤滑油的経費である。企業行動の潤滑油をカットしたのでは、当然だが、人間関係もぎすぎすしたものになってしまうような気もした。

こうしてみてみると、その時代時代の「3K」があったことがわかる。「カ行」の言葉は発音しやすいのかもしれない。

マーケティング・スタッフの資質の中にも「3K」がある。かつては「勘」「経験」「根性」の3Kが特に営業に近いマーケティング・スタッフの必須の資質と言われていた。更に「感性」も加えて4Kが言われたこともある。

では今はどうか。単に商品・サービスの提供に止まらず、企業と顧客との密接な関係づくりが言われる現在、マーケティング・スタッフが持つべき「3K」は次の視点であろう。

1．関係づくり：顧客との絆をしっかりしたものにするための施策開発の視点。

2．気づき：顧客に新しい気づきを与えると共に、時代の変化に気づく視点。

3．こだわり：顧客に対して提供し、守り続けている自らの姿勢を確認する視点。

この「3K」に加えて、「顧客」（K）に対し、そして自分自身の仕事に対し常に「感動」（K）する想いを加えた「5K」が必要であろう。

マーケティング思考は「4K+4K」の継続である。

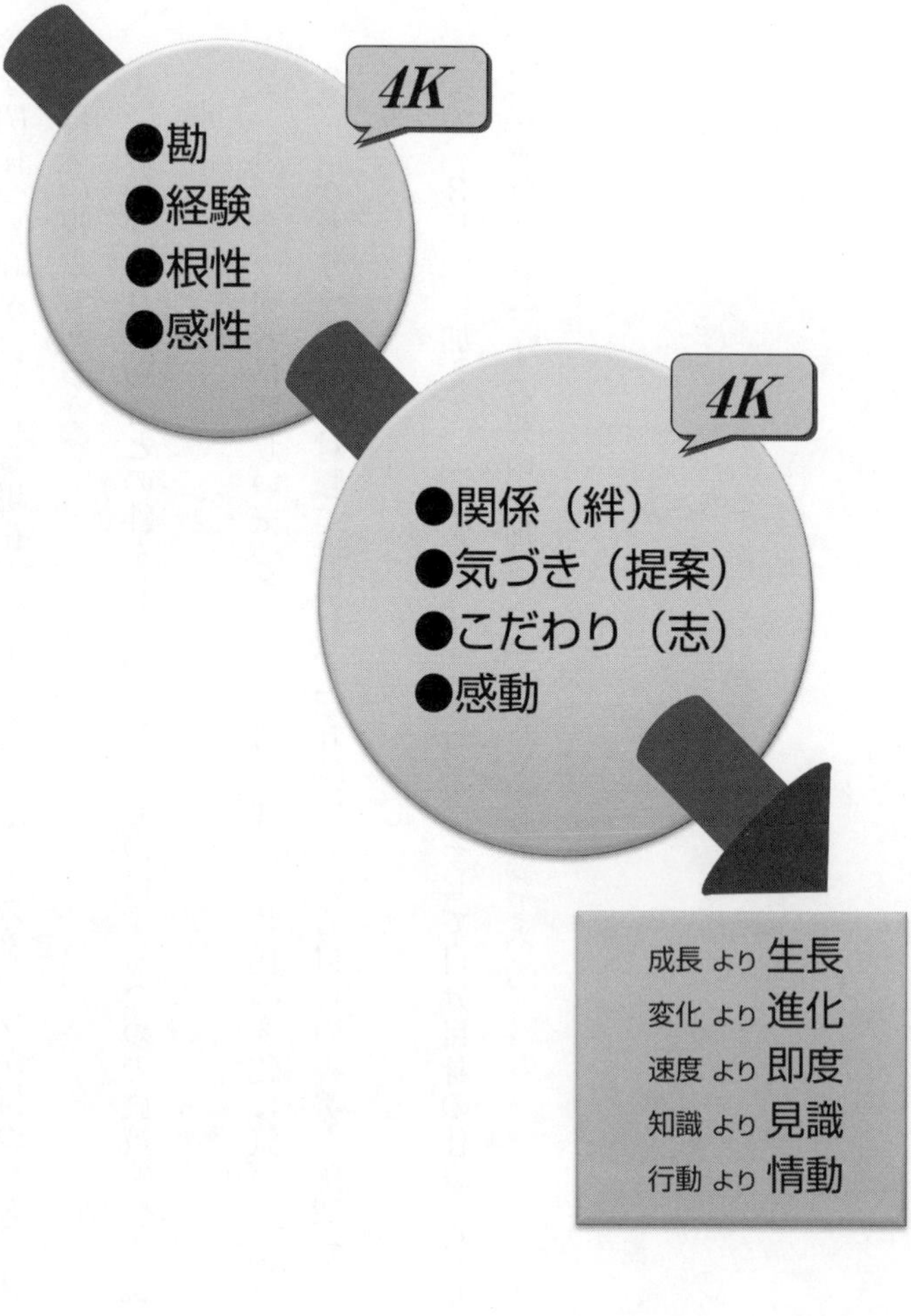

［一途の道～7話］

自分の存在は、
自らの「ブランド」そのものである。

マーケティングの分野に限らず「ブランド」という言葉によく出会う。東京銀座はブランド・ストリートとか。そもそもブランド（Brand）の語源は、英語で「焼き印を押す」という意味の〝Burned〟から発生したものといわれている。すなわち、放牧されている数多くの牛の中から自分の牛を区別するための「マーク」が元々の意味である。

ブランドとは、当初は単に商品の印であったが、やがて商品に意味を与え、ジャンルを代表するものとなり、今日では送り手（企業）と受け手（顧客）との〝絆〟の証になっている。また、そのための仕組み・仕掛けづくりがブランディングである。したがって、現在言われるブランドとは〝組織の存在理由そのもの〟として捉えることができる。個人に置き換えれば、自分自身の「存在感」と置き換えることが出来よう。

ブランドパワーのある企業では、経営者がブランドの魂を説き、従業員たちはブランドに誇りを持っている。だから顧客たちはブランドに信頼を寄せると考えられる。ただ、言葉だけでは弱い。日常の行動が問われる。更には日常の行動を通した成果も問われよう。「口ではいいことを言っているのに、実態では・・・。」「あの社長がやるることとは到底考えられない。」「普段は物静かな良い人なんですよ。まさかね・・・。」と言った声に出会うと、人が持っている堆積された知覚が大きく動いていることを実感する。

企業は人格をもった「法人」。その存在は、他者の知覚の堆積によって形成される。「個人」も同様である。ちょっとしたことが、知覚を揺さぶる。

突然の地殻変動は、暮らしに衝撃を与える天災でもあるが、一方の「知覚変動」は、ブランドの価値を揺さぶるマーケティングそのものである。

自分自身の存在自体がブランドであることを忘れるな。

当初は単に商品の印であったブランドだが，やがて商品に意味を与え，ジャンルを代表するものとなり，今日では送り手（企業）と受け手（顧客）との“絆”の証（あかし）になっている。

単なる記号やネーミングとしてのブランドではなく，企業行動の全てを統合的に管理し，顧客との信頼関係をつくるブランディングが，新時代のマーケティングでは特に注目される。

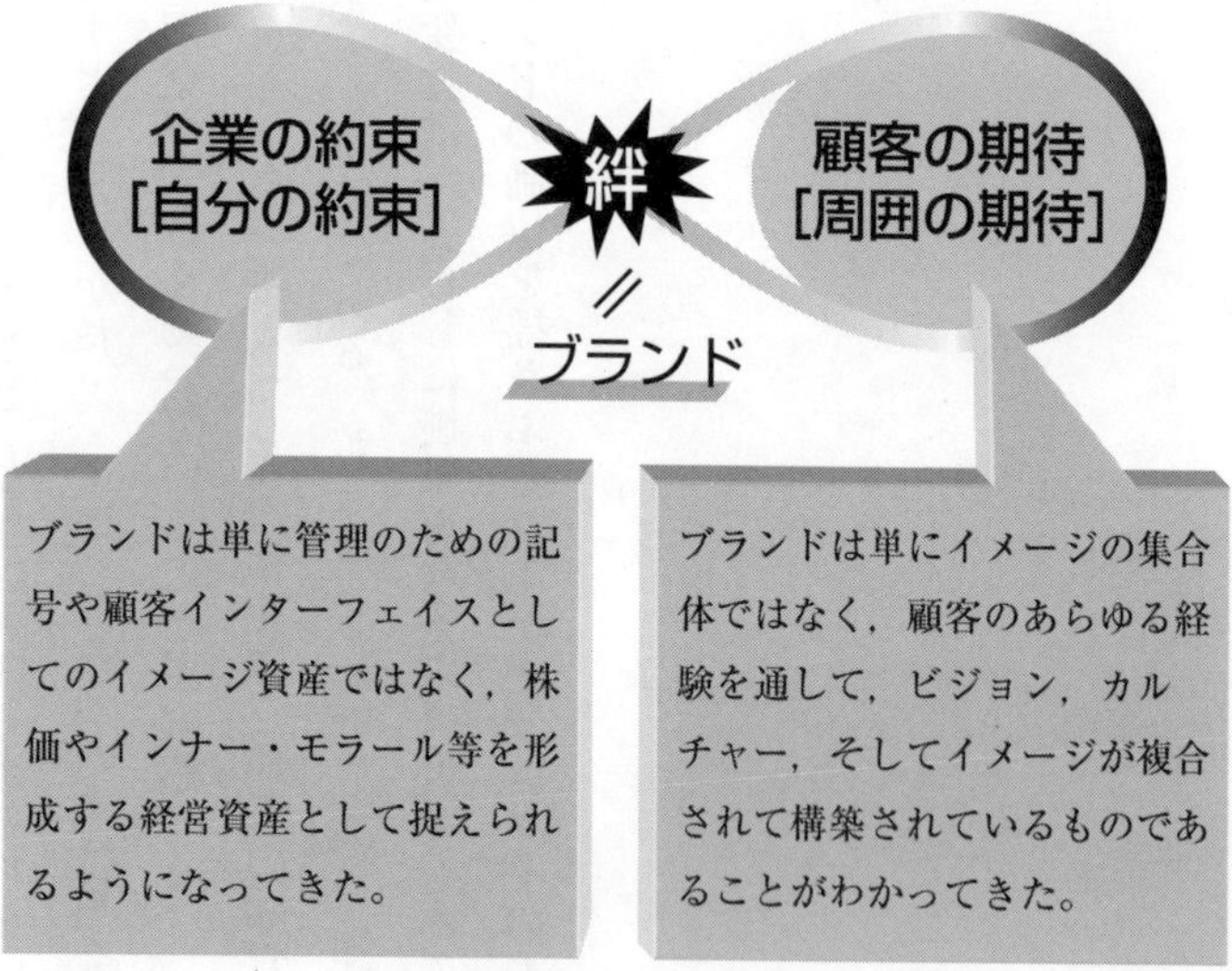
企業の約束
[自分の約束]
絆
顧客の期待
[周囲の期待]
＝
ブランド
ブランドは単に管理のための記号や顧客インターフェイスとしてのイメージ資産ではなく，株価やインナー・モラール等を形成する経営資産として捉えられるようになってきた。
ブランドは単にイメージの集合体ではなく，顧客のあらゆる経験を通して，ビジョン，カルチャー，そしてイメージが複合されて構築されているものであることがわかってきた。

ブランドという言葉の由来

- ブランド（Brand）という言葉の語源は，英語で「焼き印を押す」という意味の“Burned”から発生したものといわれている。
- 個人の存在に置き換えれば，自分の名前はブランド記号であり，日々の行動による他者への影響が，自分自身のブランド行動と捉えることが出来る。

［一途の道〜8話］

想いは未来を描く。
描いた未来への一歩は
「心願発語」にある。

全てではないものの、政治家の言葉に心から頷くことが少なくなってしまったように感じる。前言を翻す、訂正することは日常茶飯。発言を取り消してしまうこともまま見られる。

TVのニュースで見る画面では、質問をした記者に対してのみ答えようとする姿。質問者は国民を代表して質している。答えるべきはTVカメラを通した先にいる国民であるはず。そのことを理解せずに、ただ準備されたような紋切り型の答え。これでは、人の心を揺さぶって、新たな行動を起こそうとする熱は伝わらない。この国の経営は、誰が、どのように舵取りをしようとしているのかがわからないときがある。

個人的には自らが発する言葉は、自分自身（発語者）に対する約束事でもあると心得ている。「出来る・出来ない」を言うのではなく、「自分が実行する」決意を語るものである。特に、年始の言葉はその色彩を強くする。実際には年明け前に記述をした年賀状に書かれた言葉から、その年々での自分自身のマーケティング・スタッフとしての決意が見て取れる。

21世紀になってから私が書いた年賀状に登場してくる言葉を、年次順に並べてみると、次のような言葉の数々である。

「進取の気」／未来への「行路を導く」／時代と共に「進化する」／「発進力」をもつ／「私考力」／「突破力」／「人間力」と「着想力」／「能力」よりも「脳力」／「想像」と「創造」の力／創るは「未来」守るは「夢」動くは「今」／次代に繋がる「構想と実践」／「？　疑問」と「！　気づき」の感度／「伝承力」と「起動力」／「知と勇」／「継続する力」／「忘れぬ夢と志」／「頭に汗する脳力」。

心願を言葉にして表す。そこには発した者の責務がある。

そして永久なる結語は、「今日に感謝。明日に夢。」の志である。

過去の解析ではなく，未来を生み出す発想がマーケティング。

マーケティングとは，「売れる仕組み」を創り出すこと，と言われる。また，「販売を不要にするもの」（P. F.ドラッカー）とも言われる。

その意味するところは，商品をただ店頭に並べれば売れる，という訳ではなく，常に相手（顧客）が喜ぶコトを思い続け実践することである。心すべきは「マーケティング力を活かして，進め自分」。

心は過去を読む。

想いは未来を描く。

前へ前へ。ただただ前へ。信じて前へ。迷わず前へ！

〈2003年箱根駅伝キャッチフレーズ〉

おわりに　マーケティング道を行く

ほぼ半世紀強前に、大学の教室で「マーケティング」という言葉に出会いました。ただ一つの正解を導くのではなく、多様な解を考え出すアプローチであることを知り、正解が一つでないのであれば、多様な解をビジネスのフィールドで探索しようと思い、長きにわたってマーケティング・スタッフワークを続けています。

「好きなことを一生続けられると幸せ」との声を耳にすることがあります。しかし、ビジネスのフィールドは好きなことばかりがあるわけではありません。嫌なことも意に沿わないこともあります。ただ、嫌だと思ったことも、次なる自分を生み出す機会と心得た時に、嫌なことではなくなるもの。自分の心と会話をしたかどうかが問われるのだと思います。「心こそ、心惑わす心なれ。心に心、心許すな」と昔から言われます。心が指し示す方向（志：こころざし）を持った自分との出会いがあれば、新たな知見を求めて、更なる道を歩み行こうと思えるものです。

志をもって自分で考えたことは、一般的に指摘され解説される知識を超えて、自分の解釈が加わった知見になります。更に経験が加わると自らの知恵になって重なり合っていくものです。さながら幾層にも積まれた地（知）層のようなものです。遺跡発掘と同じように、自らが持つ知識や積み重ねられて生み出された自分なりの解釈は、いつ、どのような学習を通じて重ねられたのかを、時に再発掘するのも良いかもしれません。

マーケティングを手段としてのみで捉えてしまうと、新しい「知層」は早々重なるものではありません。それよりも、自らの人生の「縁」を思い起こしながら「知層」を発掘すると、何か新しい発見があるものです。現在のビジネスは、過去に蓄積されたモデルを繰り返し学習するといった環境にはないと思います。そうではなくて、自分の頭で創造（想像）することが求められる環境です。今まで以上に、知恵の連繋が求められているのではないでしょうか。単なる情報を超えた、人的なネットワークも必要です。マーケティング・ビジネスは、「縁の連鎖」の創造活動だと捉えています。さまざまな出会いの中で自分自身は生かされていることを実感します。

人の目は、前（未来）を見るように形成されていますが、時にもう一つの目（心眼）を開いて今迄と今を見直し、明日への道を切り拓いて行くことも考えたいと思います。今回整理した本書も、その基本はマーケティングを学び実践する方々と共に、未来へと繋がる道を描き・拓いて行きたいと考えたことが論述のきっかけです。過去の事実を細やかに読み解いても、決して未来図は描けないと思います。それ以上に、日常の生活の中で感じる「不思議なこと」を考え続けることが重要です。

混雑した通勤電車の中でスマホを器用に操りながらゲームをするのはなぜなのか。同じく、揺れる通勤電車の中で細やかな化粧をするのはどうしてか。ポケモンを捕えようと多くの大人が1ヶ所になぜ集まるのか・・・。さまざまな現象や身近な動きが街角には溢れています。次代を見るためにはデスクに座って「数字」を見るよりも、人が行き交う街の息吹に触れ、行動を見ていた方が、これから起きそうな変化に気づくのではないかと思っています。

マーケティングは数字をにらんで過去の変異を読み取ることを目的としたも

のではありません。それ以上に、未来に向けた仮説を考え出すことが必要だと思います。過去を解析するためのスキルを高めることも大切ですが、これから起きるであろう変化を予見することが求められるのです。今起きていることが、これからの潮流になるきっかけなのかどうか、そのような捉え方が出来ることは、個人個人が持つ「感度・感覚」であり、マーケティング・センスと言えるかと思います。

今、ビジネスに問われるのは「スキル」ではなく「センス」です。スキルを高めるために、さまざまな方法を「習う」ことは出来ても、「センス」は習って出来ることではありません。自らが「学ぶ」志を持つことだと考えています。私に学ぶことの楽しさを教えて下さったのが、恩師である、慶應義塾大学名誉教授の故村田昭治先生です。日本のマーケティング界に多大な影響を与えた先生の著書「マーケティング・システム論」(有斐閣)に署名をお願いした折に、合わせてお書き頂いた言葉が「清野君への思考の言葉：長き苦悩とよろこびのレースのなかで、自らをみがくプロセスを大切にしたい」というものでした。まさに「磨き続ける」志を持つことと解釈してきました。

本書も、決して現象を読み解くための方法論を整理したものではありません。それよりも、日々の暮らしの中にある小さな変化に気づく感度を高めるために、どのような姿勢や着眼を持つべきかを考えたものです。

私に、そのようなものの見方に気づきを与えてくれるのが、長き人生行路を共に歩み続けている妻陽子からのくらしの視点提供です。そして、36年の歴史を刻んだ株式会社マップスでオフィスワークのバランスを常に俯瞰してみてくれている小林泰子さんや、スタッフワークを共にするメンバーとのちょっとした会話が、多くの気づきを与えてくれます。

人との縁を生み出す原点は、この世に生を与え、多くの学ぶ機会を無条件に提供してくれた両親です。今改めて、言葉を超えた感謝の念が浮かびます。

今迄に刻み来た時の何十分の一かが、私に残されたマーケティング・ビジネスライフと心得ています。人生には、過去を消す「消しゴム」は与えられていません。先を描くペンが与えられています。行く先にどのような景色が見えるのか。それは歩み行くことでしか答えは見えません。

今の時代に活躍する世代の邪魔をすることなく、「描くは『未来』。守るは

『夢』。動くは『今』。」を心して歩み行く道。それは「マーケティング道」。共に歩み行く同好の士との出会いの縁があることを願っています。

本書への疑問点やご意見は、遠慮なく左記宛ご連絡頂きたく存じます。

清野裕司
株式会社マップス
〒102-0083　東京都千代田区麹町4－3　紅谷ビル4F
Tel: 03-5226-0111/Fax: 03-5226-0113
E-mail: seino@mapscom.co.jp
URL: http://www.mapscom.co.jp

マーケティングは「縁の連鎖」をつくることだと思います。

清野裕司 (せいの ゆうじ)

株式会社マップス
〒102－0083　東京都千代田区麹町４－３紅谷ビル４F
Tel：03－5226－0111/Fax：03－5226－0113
E－mail：seino@mapscom.co.jp
URL：http://www.mapscom.co.jp
facebook:：http://www.facebook.com/yuji.seino

1947年　香川県高松市生まれ。５歳から東京
1970年　慶應義塾大学商学部卒業マーケティングを専攻
同　年　キョーリン製薬㈱入社（マーケティング室）
1973年　三井物産㈱食品部食糧総括室入社
　　　　外食産業のマーケティングを担当
1976年　十和㈱［現㈱アスティ］入社
　　　　マーケティング部，販売促進部
1981年　㈱マップス創設
　　　　現在，同社の代表取締役
※業種業界を超えたマーケティング・プランナーとして，3,000種類のプロジェクト実績。

セミナー関連

＊（公財）日本生産性本部
「経営コンサルタント養成講座」
「九州生産性大学経営講座」
「経営アカデミー：技術経営コース」
「企画＆プレゼン力強化コース」
＊（公社）日本マーケティング協会
「マーケティング・プランニング実践講座」
「マーケティングマスター・コース」
＊日本経営者協議会
「経営情報管理」「経営情報体系とコントロール」
＊（社）日本経営協会
「マーケティング・スタッフ養成」
「新任企画スタッフ・仕事の基本」
＊（財）石川県産業創出支援機構
「あきんどサークル」「SOHOワークショップ」
「ビジネススキル養成講座」
＊鳥取県中堅企業リーダー育成
＊法政大学キャリアデザイン学部
／エクステンション・カレッジ
＊パテント大学「ナレッジＭＢＡ」スクール

著（訳）書

清野裕司のマーケティング考「風を聴く」	2016年12月／泉文堂
「寺子屋式手習いマーケティング」	2013年12月／泉文堂
「市場を拓くマーケティング・エクササイズ」	2008年10月／生産性出版
「スーツを脱いだマーケティング」	2006年12月／泉文堂
「主観マーケティング」	2001年４月／泉文堂
「マーケティング発想力のつく本」	1994年９月／泉文堂
「知的腕力によるマーケティング・プレゼンテーション」	1991年１月／泉文堂
「究極のＣＩ戦略」	1988年５月／泉文堂
「ビジネス参謀のパソコン活用法」	1981年11月／泉文堂
「現代マーケティング論」（共訳）	1973年12月／有斐閣

マーケティング・センスアップを導く

ビジネス心論

2018年11月20日　　初版第１刷発行

著　　者　**清野　裕司**
発 行 者　**大坪　克行**
発 行 所　株式会社　**泉　文　堂**
〒161－0033　東京都新宿区下落合１－２－16
電話 03(3951)9610　FAX 03(3951)6830

印 刷 所　**有限会社 山吹印刷所**
製 本 所　**牧製本印刷株式会社**

ISBN 978－4－7930－0330－1　C3034